Machtmissbrauch im pastoralen Dienst

W0063072

Machtmissbrauch im pastoralen Dienst

Erfahrungen von Gemeinde- und Pastoralreferent*innen

Für den Bundesverband der
Gemeindereferent*innen Deutschlands e. V.
herausgegeben von Regina Nagel und
Hubertus Lürbke

HERDER

FREIBURG · BASEL · WIEN

© Verlag Herder GmbH, Freiburg im Breisgau 2023
Alle Rechte vorbehalten
www.herder.de

Umschlaggestaltung: wunderlich & weigand, Schwäbisch Hall
Umschlagmotiv: © birdys / photocase
Satz: Barbara Herrmann, Freiburg
Herstellung: GGP Media GmbH, Pößneck
Printed in Germany
ISBN Print 978-3-451-39853-7
ISBN E-Book (PDF) 978-3-451-83853-8
ISBN E-Book (E-Pub) 978-3-451-83854-5

Macht ist zwar vordergründig ein soziales Strukturelement, doch eines mit ungeheuren psychischen Implikationen. Denn sie betrifft den Kern der Person: das unendliche Selbstwertdrama des kurzlebigen Menschen. Entgleister Machthunger ist suchtartige, brachiale Selbstaufwertung auf Kosten anderer. Machtsucht kann beschränkt werden, wenn sie nicht auf Unterwerfung, Schmeichelei und Co-Abhängigkeit trifft. Ihre Wurzel aber, der vergängliche Kern, die Befürchtung der eigenen Nichtigkeit, bleibt.

Petra Morsbach
(in: Petra Morsbach, Der Elefant im Zimmer. Über Machtmissbrauch und Widerstand. Essay © 2020 Penguin Verlag, München, in der Penguin Random House Verlagsgruppe GmbH, 20)

Inhalt

Anhang

Vorwort

Wer Erzieher*in, Jurist*in, IT-Fachperson oder was auch immer werden möchte, entscheidet sich für eine entsprechende Ausbildung bzw. ein Studium und sucht sich anschließend einen Arbeitsplatz oder macht sich selbstständig. Wer sich für ein Anstellungsverhältnis entscheidet, kann Glück oder Pech haben. Machtmissbrauch und autoritäre, inkompetente oder übergriffige Vorgesetzte kann es in jedem Unternehmen geben; ebenso Angestellte, die für ihre Kolleg*innen oder die Führungskräfte anstrengend sein können.

Was ist anders, wenn es um den Beruf der Gemeindereferent*in (im Folgenden GR) in der katholischen Kirche geht? Wer sich dafür entscheidet, entscheidet sich automatisch für die Kirche als Arbeitgeberin und damit für eine Organisation, die nicht nur Anspruch auf Arbeitsleistung erhebt, sondern auf die gesamte Person. Mitgliedschaft, Loyalität, Zustimmung zur Glaubenslehre und Identifikation mit den Zielen der Kirche sind unabdingbare Voraussetzungen für einen pastoralen Beruf. Allein die etwas schillernde Rede vom „pastoralen Dienst" impliziert, dass es um mehr geht als um ein Arbeitsverhältnis. Wer sich dafür entscheidet, tut dies in der Regel sehr bewusst. Angehende GR wollen in der Kirche und für die Kirche tätig sein. Sie absolvieren ein Studium, machen Erfahrungen in der Praxis und erwerben so die entsprechenden Kompetenzen. Um tätig werden zu können, braucht es jedoch mehr als einen Bachelorabschluss und eine erfolgreich absolvierte Berufseinführungsphase. Notwendig ist eine Beauftragung durch den jeweiligen Bischof, in der z. B. gesagt wird: „Verkünden und leben Sie das Evangelium in Wort und Tat, sodass Glaube, Hoffnung und Liebe neu geweckt werden."[1] Manche Kolleg*innen sagen: „Ich habe den schönsten Beruf der Welt." Sie schätzen die Vielseitigkeit, tun „ihren Dienst" aus tiefer Glaubensüberzeugung und sind gerne bereit, in der klassischen Seelsorge, in kategorialen Bereichen oder auch in Arbeitsfeldern wie z. B. Bildung, Prozessmanagement und Innovation Verantwortung zu übernehmen.

Andere starten zunächst aus dieser Haltung heraus in den Beruf und nehmen dann mehr oder weniger rasch wahr, dass etwas nicht stimmt und dass sie diese Arbeit ganz anders erleben, als sie es sich erhofft hatten. Es werden immer mehr Kolleg*innen, die signalisieren, dass vieles in ihrem beruflichen Kontext sie sehr anstrengt und bedrückt. Nicht wenige werden krank, zum Teil sogar chronisch krank oder müssen aus Selbstschutz aus dem Beruf aussteigen. Sie erzählen von belastenden Erfahrungen an ihrer konkreten Stelle und oft auch davon, wie sehr sie sich die Frage stellen, ob sie das System der römisch-katholischen Kirche noch unterstützen können und wollen. Viele davon treibt nicht nur um, worunter sie persönlich leiden, sie hinterfragen kritisch manches in der pastoralen Praxis. Ältere hoffen auf die Rente, Jüngere arbeiten an ihrem jeweiligen Plan B. Vor allem im vertrauten Kreis wird erzählt, wie patriarchalisch, inkompetent, respektlos oder auch sexuell und/oder spirituell übergriffig Vorgesetzte erlebt werden und wie wenig Hilfe von den Personalverantwortlichen kommt. Manche Kolleg*innen sprechen von der „70 %-Regel". Insider verstehen, was damit gemeint ist. Als GR muss man damit rechnen, dass 70 % der schlicht aufgrund ihrer Weihe ihnen gegenüber weisungsbefugten Priester nicht viel von Personalführung verstehen. Sie haben es nicht gelernt, sie wollen diese Funktion möglicherweise gar nicht ausüben. Oder sie wollen unangefochten Chef sein aus der Haltung heraus, dass sie allein schon durch ihre Weihe das Recht haben zu bestimmen.

Viele Kolleg*innen im pastoralen Beruf leiden und dies gilt für Angehörige jeder Berufsgruppe, auch für Priester[2] und Diakone. Der Fokus dieser Veröffentlichung liegt auf Gemeinde- und Pastoralreferent*innen (im Folgenden GR und PR) als professionellen Seelsorger*innen ohne Weiheamt. Dazu gehören neben vielen Männern ausnahmslos alle Frauen, die einen pastoralen Beruf ausüben. In diesem Buch kommen sie zu Wort. Wir, die Herausgeber, geben Kolleg*innen die Möglichkeit, über ihre Situation zu berichten. Manche Leser*innen werden eigene Erfahrungen assoziieren, Führungspersonen werden eventuell nachdenklich und entwickeln Ideen für eine Personalarbeit, die Machtmissbrauch verhindert.

Herausgeber dieses Buchs ist der Bundesverband der Gemeindereferent*innen Deutschlands. Im Juni 2022 wurde der Vorstand durch die Delegierten der Diözesanverbände beauftragt, eine Umfrage zu „Erfahrungen mit Machtmissbrauch im pastoralen Dienst" durchzuführen. Die Umsetzung des Auftrags erfolgte durch uns, Regina Nagel und Hubertus Lürbke. Wir sind im Tandem Verbandsvorsitzende, und abgesehen vom Beruf verbindet uns langjährige Erfahrung in Mitarbeitervertretungsämtern für pastorale Berufsgruppen. Wir sind Teil des Systems und verstehen uns als Sprachrohr der Kolleg*innen, die in diesem Buch anonymisiert von ihren Erfahrungen berichten.

*

Das *erste Kapitel* beantwortet die Frage, wozu dieses Buch veröffentlicht wird, und bietet eine Einführung in die Geschichte der Berufsgruppe und die Schwerpunkte der Verbandsarbeit.

Im *zweiten Kapitel* werden Ergebnisse der Umfrage dargestellt, an der im Sommer 2022 fast 1.000 GR und PR teilgenommen haben. Der erste Schritt ist dabei ein Einblick in die statistischen Ergebnisse. Der weitere Verlauf des Kapitels bietet einen nach inhaltlichen Schwerpunkten geordneten Einblick in die zahlreichen Einzelantworten. Eine umfassende, wissenschaftlich fundierte Auswertung ist im Rahmen dieses Buchprojekts weder machbar noch darstellbar. Ergänzend zu dem, was im Buch dargelegt werden kann, wird es jedoch weitere Auswertungen geben, die auf der Homepage des GR-Bundesverbands abgerufen werden können (www.gemeindereferentinnen.de).

Der Schwerpunkt des *dritten Kapitels* sind Betroffenenberichte. Diese sind auf der Grundlage von Interviews verfasst worden, zu denen sich Gemeinde- und Pastoralreferent*innen im Nachgang zur Umfrage bereit erklärt hatten.

Im *vierten Kapitel* kommen Fachpersonen zu Wort, die wir um Beiträge gebeten haben. Den Anfang machen zwei Frauen, die eine leitende Position im Bereich Personal innehaben. *Regina Seneca* ist ursprünglich selbst Gemeindereferentin, war Diözesanreferentin für GR und ist inzwischen im Tandem mit einem Priester Hauptabteilungsleiterin für das pastorale Personal in der Diözese Rottenburg-Stuttgart. Sie befasst sich in ihrem Beitrag mit dem Thema „Die Sorge der Personalabteilung“. Ihre Überschrift ist bewusst mehrdeutig gewählt. Sie zeigt verschiedene Aspekte von Führung auf und stellt angesichts der Missstände u. a. die Frage: „Warum halten die Geführten das aus?“ Auch *Margherita Onorato-Simonis* ist Personalchefin. Sie ist es für das gesamte Personal des Bistums Aachen und erläutert, weshalb Leadership und Zusammenarbeit auf Augenhöhe Mittel gegen Machtmissbrauch sein können. U. a. zeigt sie auf, dass gute Führungskräfte als Pendant kompetente Mitarbeitende brauchen.

Und wenn es nun aber nicht funktioniert, wenn Führungsversagen, Verstrickungen, (Co-)Abhängigkeit oder das System Kirche an sich eine konstruktive Zusammenarbeit verhindern? Zu dieser Frage äußert sich der Dipl.-Psych., Dipl.-Theol. *Valentin Dessoy*. Er zeigt Resilienzstrategien auf und zieht dabei auch in Betracht, dass möglicherweise eine Exit-Strategie das Mittel der Wahl sein kann.

Zwei weitere Beiträge befassen sich mit dem Begriff der „Berufung" und benennen Gefahren, die diesbezüglich Aufmerksamkeit verdienen. *Oliver Wintzek*, Professor für Dogmatik und Fundamentaltheologie in Mainz, reflektiert überhebliche Berufungsideologie theologisch kritisch. Der Psychotherapeut *Martin Flesch* bietet psychodynamische Anmerkungen zur Rede von geistlicher Berufung als Nährboden missbräuchlicher Handlungsspielräume. Beide Beiträge können dazu anregen, die eigene Haltung zu Berufung zu reflektieren wie auch Erfahrungen mit missbräuchlichem Verhalten auf dieser Folie zu betrachten.

Der abschließende Beitrag in Kapitel 4 stammt von *Rosel Oehmen-Vieregge*. Sie nimmt als Kanonistin eine kirchenrechtliche Perspektive ein und legt in ihrem Beitrag den Schwerpunkt auf die Prävention von Machtmissbrauch, die einen Kulturwandel in der kirchenrechtlichen Praxis erfordert.

*

Wir wünschen uns, dass das Buch beachtet und aus weiteren Perspektiven rezipiert wird, z. B. zur besonderen Situation von Frauen im pastoralen Beruf oder zur Gefahr des spirituellen Missbrauchs in der pastoralen Arbeit an sich und durch „Missionierungsversuche" traditionalistischer Gruppierungen in den Gemeinden. Uns ist bewusst, dass von Machtmissbrauch betroffene Kolleg*innen durch die Lektüre des Buchs an eigene schlimme Erlebnisse erinnert und eventuell dadurch getriggert werden können. Auf den letzten Seiten finden sich deshalb Hinweise zu Kontakt- und Unterstützungsmöglichkeiten. Auch die Option einer vertieften Vernetzung gegen Machtmissbrauch und für Selbstermächtigung haben wir im Blick und bieten dazu Kontaktaufnahme an.

Wir danken allen Kolleg*innen, die sich an der Umfrage beteiligt haben und darunter vor allem denen, die zu einem Interview bereit waren. Besonders danken wir den acht Personen, die einen Erfahrungsbericht zur Verfügung gestellt haben. Ohne diese breite Unterstützung des Buchprojekts wäre es nicht zustande gekommen. Wir danken ebenfalls allen Autor*innen der Fachbeiträge und Herrn Clemens Carl für die Begleitung des Projekts seitens des Herder-Verlags. Vor allem danken wir Dr. Rosel Oehmen-Vieregge. Sie hat uns viele Monate lang fachkundig, kritisch und bestärkend unterstützt und begleitet.

Widdern/Eutin, 2. März 2023
Regina Nagel und Hubertus Lürbke

Kapitel 1
Einführung

„Missbrauch von Macht steckt in der DNA der Kirche."
Dieses Zitat von Bischof Heiner Wilmer stammt aus einem
Interview mit dem Kölner Stadtanzeiger im Dezember
2018. Im März 2019 wurde das Zitat zum Leitthema der
Bundesversammlung des Gemeindereferent*innen-Bundesverbands (GRBV). An diesem Wochenende im März kam
der Bundesvorstand mit den Delegierten der Bistumsver-
bände über ihre Einstellung zu ihrem Beruf ins Gespräch.
Es ging dabei um folgende Themen: „Was ist uns in unserem Beruf wichtig? Was tun wir gerne? Worunter leiden
wir?" Eine Frage auf einer Stellwand lautete: „Warum arbeite ich eigentlich noch in diesem Beruf bzw. in der Kirche?" Manche der Teilnehmenden schrieben schlicht:
„Weil ich damit meinen Lebensunterhalt verdiene." Es
war ein ehrlicher Austausch darüber, wie schwer es vielen
fällt, systemerhaltend in einer Organisation zu arbeiten,
die so viel Schaden anrichtet. Der eine oder die andere sagte, dass mit Renteneintritt ein Kirchenaustritt durchaus zu
überlegen sei. Was den „Schaden" anbelangt, war auf das
System hin vor allem die männlich-zölibatär-hierarchische
Struktur im Blick sowie das Thema „sexueller Missbrauch
und sexualisierte Gewalt" und die damit einhergehende
Vertuschung. Darüber hinaus ging es auch darum, was die
einzelnen Kolleg*innen selbst an Abwertung, mangelnder
Wertschätzung und Übergriffigkeiten im Beruf erleben.
Das, was damals im kleinen Kreis beraten wurde, erfuhr
in der weiteren Verbandsarbeit eine Vertiefung, führte
dann zur bundesweiten Umfrage „Erfahrungen mit Macht-
missbrauch im pastoralen Beruf" und schließlich zu diesem
Buch.

1.1 Wozu dieses Buch?

Dieses Buch ist nicht die erste Veröffentlichung zum Thema „Machtmissbrauch in der katholischen Kirche."[1] Kritik an Machtmissbrauch im System Kirche insgesamt oder durch einzelne Gruppierungen oder Personen gibt es schon lange. „Kleriker, Psychogramm eines Ideals" von Eugen Drewermann war 1990 für 30 Wochen auf der Spiegel-Bestsellerliste. Anfang der 1990er-Jahre erschien „Hinter der Schwelle – ein Leben im Opus Dei" von Maria del Carmen Tapia. Der Journalist Peter Hertel analysierte vor über 20 Jahren in „Glaubenswächter. Katholische Traditionalisten im deutschsprachigen Raum" vor allem sogenannte „neue geistliche Bewegungen". Hubertus Czernin beschrieb in „Das Buch Groer" einen der erschreckendsten Missbrauchs- und Vertuschungsfälle in der Zeit nach dem Zweiten Vatikanischen Konzil. Aufgegriffen wurde dieser Fall 2020 von Petra Morsbach in ihrem Buch „Der Elefant im Zimmer – Über Machtmissbrauch und Widerstand". Sie geht darin der Frage nach, warum Machtmissbrauch vertuscht wird, und ermutigt zum Widerstand. Eine Frau, die durch ihren Mut, ihre Geschichte zu veröffentlichen, sehr viel in Bewegung gebracht hat, ist Doris Reisinger. Ihre ersten Bücher handeln von ihren persönlichen Erfahrungen mit sexualisierter Gewalt und geistlichem Missbrauch in der katholischen Gemeinschaft „Das Werk". In weiteren Veröffentlichungen zeigt sie immer schonungsloser das Machtmissbrauchssystem der römisch-katholischen Kirche auf. Wie wichtig „Erzählen als Widerstand" ist, zeigt sich durch das gleichnamige Buch, 2020 herausgegeben von Barbara Haslbeck, Regina Heyder, Ute Leimgruber und Dorothee Sandherr-Klempp. Darin berichten 23 Frauen über ihre Erfahrungen mit Missbrauch im Erwachsenenalter. Ergänzt werden die Berichte durch wissenschaftliche Essays.

Der Fokus „Frauen in der Kirche", zu dem dieses Buch ebenfalls einen Beitrag leisten will, ist in den letzten Jahren wieder stärker in der Diskussion. Einen wichtigen Anstoß dazu hat das Buch „Weiberaufstand" von Christiane Florin gegeben (2017), und in Ergänzung zur bisherigen Arbeit der Frauenverbände gelingt es der Bewegung Maria 2.0 seit Mai 2019, öffentlichkeitswirksam Kritik zu äußern und Forderungen zu stellen. 2022 sind weitere Bücher mit unterschiedlichen Ansätzen erschienen: Z. B. erzählt Johanna Beck in „Mach neu, was dich kaputt macht" von ihren Missbrauchserfahrungen als Kind und Jugendliche in der Katholischen Pfadfinderschaft Europas (KPE). Mit Wolfgang F. Rothe ist ein Priester mit seinen Missbrauchserfahrungen an die Öffentlichkeit gegangen (Missbrauchte Kirche, 2021). In „Heillose Macht" erzählen 50 Betroffene aus einem weiten Spektrum von zum Teil beruflich oder auch ehrenamtlich tätigen Katholik*innen über Erfahrungen, die sie als Machtmissbrauch erlebt haben. Herausgegeben wurde dieses Buch von Thomas Hanstein, Hiltrud Schönheit und Peter Schönheit. In „Die Betroffenen" (2022) zeigt der Facharzt für Psychiatrie und Psychotherapie, Martin Flesch, ein Spektrum von Leidensräumen auf und nimmt Täterpersönlichkeiten und Betroffene analytisch in den Blick. Herbert Haslinger beginnt sein Buch „Macht in der Kirche" mit persönlichen Erfahrungen und erläutert dann sehr detailliert die Zusammenhänge der Machtstrukturen in der Kirche.

Ist nicht längst alles gesagt? Angesichts der Vielzahl der Veröffentlichungen drängt sich die Frage auf, was das Besondere an diesem Buchprojekt ist. Der Unterschied zu den genannten Veröffentlichungen liegt darin, dass die Initiative zu diesem Buch von einem Berufsverband von Beschäftigten ausgeht, die im Kernbereich der katholischen Kirche, in der pastoralen Arbeit, tätig sind. Hinter der Umfrage und dem damit verbundenen Buchprojekt steht der einstimmige Beschluss der Bundesversammlung der Delegierten der Diözesanverbände, in denen Gemeindereferent*innen organisiert sind. Die Realisierung dieses Beschlusses wurde vor allem ermöglicht durch die Beteiligung von über 900 Gemeinde- und Pastoralreferent*innen, die sich auf diese Umfrage eingelassen haben.

Bis auf wenige Ausnahmen sind alle Kolleg*innen, die zu Wort kommen, bis heute im pastoralen Beruf tätig. Befragt wurden ganz gezielt Hauptberufliche im pastoralen Dienst ohne Weiheamt. Der größte Anteil der Antworten stammt von Gemeinde- und Pastoralreferent*innen. Es gab Anfragen, ob sich auch Diakone beteiligen dürften, da viele von ihnen ebenfalls unter Machtmissbrauch leiden. Der Vorstand des Bundesverbandes ist bei der Entscheidung geblieben, nur Nichtgeweihte zu befragen, obwohl bekannt ist, dass sowohl Diakone als auch Priester sehr belastet sind – persönlich und /oder dadurch, dass sie in besonderer Weise als Vertreter des Systems Kirche wahrgenommen werden.

Im Austausch mit Mitarbeiter*innen in anderen Tätigkeiten im Bereich Kirche zeigt sich ebenfalls, dass es auch unter diesen Personen gibt, die sich schwer damit tun, einen katholisch-kirchlichen Arbeitgeber zu haben. Nicht nur der Fachkräftemangel erschwert die Besetzung von Stellen in unterschiedlichen Tätigkeitsbereichen. Potenzielle Bewerber*innen überlegen durchaus, ob sie sich auf die Arbeitgeberin Kirche und damit verbundenen Loyalitätspflichten einlassen möchten.

Auch wenn manche Ergebnisse, die in Kapitel 2 und 3 dokumentiert werden, sehr viel Kritik vor allem an Priestern in ihrer Dienstvorgesetztenrolle aufzeigen: Es geht in der Umfrage und ihrer Auswertung nicht um Schwarzweißmalerei im Sinn von: böse Priester – gute Lai*innen. Auch

Männer und Frauen ohne Weiheamt können zu Täter*innen werden. Und es gibt Priester, die selbst betroffen sind von Machtmissbrauch und/oder die sich fragen, ob und wie lange sie noch Priester sein können und wollen. Manche davon unterstützen Reformideen, manche glauben nicht mehr an Reformen innerhalb der katholischen Kirche. Völlig unabhängig von Beruf und „Stand" möchte der Bundesverband der Gemeindereferent*innen solidarisch sein mit allen, die unter Machtmissbrauch leiden und mit denen, die sich dem entgegenstellen.

1.2 Entstehung pastoraler Lai*innenberufe in Deutschland[2]

„Es mag eine Seelsorge geben ohne Seelsorgehilfe, nie aber könnte eine gesunde Seelsorgehilfe bestehen ohne Seelsorge, ohne Unterordnung und Leitung durch die gottgewollten Träger des Lehr-, Priester- und Hirtenamts."[3] So schrieb Pfarrer Wilhelm Wiesen 1926 und zieht damit eine Grenze zwischen Profis in der Seelsorge, die bis heute besteht. Zusammen mit Margarethe Ruckmich spielte er eine entscheidende Rolle bei der Entstehung des Berufs der Gemeinde- bzw. Seelsorgehelferin. Bereits 1925 erschien im Caritasverlag Freiburg das Buch „Die katholische Gemeindehelferin", geschrieben von M. Ruckmich unter dem Pseudonym Maura Philippi. Die Notwendigkeit eines caritativ-seelsorglichen Berufs wurde seit Beginn des 20. Jahrhunderts bei Caritastagungen thematisiert. Die ersten Kurse fanden 1919 und 1920 statt und wurden vor allem von Lehrerinnen bzw. arbeitslosen Akademikerinnen absolviert. Eine erste Idee, Männer für diese Tätigkeit zu finden, wurde rasch verworfen. Frauen schienen geeigneter dafür zu sein, in einer Zeit des Umbruchs, beeinflusst von Krieg, Säkularisierung und zunehmendem Großstadtleben, Pfarrer in der

Seelsorge zu unterstützen. Die Pionierinnen des Berufs gestalteten die Berufsrolle selbst. Schwerpunkt der Tätigkeit waren Hausbesuche.

Die Frauen lebten meist in einem oft sehr kargen Zimmer im Pfarrhaus und arbeiteten für Taschengeld, Kost und Logis und ohne jegliche Versicherung. Sie erkannten früh, dass Vernetzung dringend erforderlich ist. Bereits 1926 wurde die „Berufsgemeinschaft katholischer Gemeindehelferinnen" gegründet. Sie verstanden sich als „Schwestern", es gab ein Berufsgelöbnis, ein Berufskleid und auch eine Brosche. In der damaligen Zeit wurde dies von den meisten als hilfreich betrachtet, waren sie so doch als Seelsorgerinnen erkennbar. Sie gaben sich spirituelle Regeln und unterstützten sich ideell und bei Bedarf auch finanziell. M. Ruckmich informierte Priester über den neuen Beruf, sie bearbeitete entsprechende Anfragen und vermittelte die Absolventinnen.

Bereits in den 1930er Jahren entwickelte die Berufsgemeinschaft einen Musterdienstvertrag für Verhandlungen mit dem Pfarrer. Für ein Ausbildungskonzept und dessen kontinuierliche Weiterentwicklung sorgten Ruckmich und Wiesen. Der erste Ausbildungskurs fand 1928–1930 in Freiburg statt. Margarethe Ruckmich legte von Anfang an großen Wert auf Selbstständigkeit und Selbstbewusstsein dieser Frauen. Zeitzeuginnen erzählten, dass es bisweilen heftigen Streit zwischen ihr und Wiesen gab. Die Unterordnung, die er betonte (vgl. das Zitat oben) war nicht in ihrem Interesse. Sie sprach sich damals schon für eine Diakoninnenweihe aus, und anstelle der Bezeichnung „Seelsorgehelferin" hätte sie die Bezeichnung „Seelsorgerinnen" bevorzugt. Der ersten Ausbildungsstätte für Seelsorgehilfe in Freiburg folgten ab 1946 weitere, zunächst in diesem Jahr die Seminare in Paderborn-Elkeringhausen und in Ilbenstadt (Mainz) und wenig später in Magdeburg und anderen

Städten. In sozialen Frauenschulen, wie z. B. in Beuron, fanden Ausbildungskurse statt, in anderen Frauenschulen wurden Fachabteilungen für Seelsorgehilfe eingerichtet.

Von dieser Zeit an interessierten sich auch Diözesen zunehmend für den Beruf der Seelsorgehelferin, und es wurden Diözesanreferentinnen als Personalverantwortliche eingesetzt, die sich ab 1964 auch vernetzten. Die Vorarbeit in der Berufsgemeinschaft hatte Einfluss auf die Anstellungsverträge, die es dann nach bistumsweiten Regelungen gab. Infolge des Zweiten Vatikanischen Konzils wurde die Berufsbezeichnung in Gemeindereferent*in (im Folgenden GR) geändert und ab 1972 gab es neben den Seminaren auch die Möglichkeit, an Fachhochschulen zu studieren. Der Beruf Pastoralreferent*in (im Folgenden PR) entstand ebenfalls infolge des Konzils. Rahmenordnungen für beide Berufsgruppen wurden durch die Kommission IV der Deutschen Bischofskonferenz Ende der 1970er-Jahre erarbeitet.[4] Beide Berufe standen nun für Männer und Frauen offen, wobei bis heute ca. 70 % der GR Frauen sind. Bei PR, bei denen zunächst die Gruppe der Männer deutlich stärker vertreten war, ist das Verhältnis der Geschlechter inzwischen ausgewogen. Seit etwa 50 Jahren gibt es somit vier pastorale Berufsgruppen: Priester, Diakone, PR und GR. Die Hierarchieproblematik spielte und spielt dabei immer wieder einmal nicht nur zwischen Ordinierten und „nur" Beauftragten eine Rolle, sondern bisweilen auch zwischen PR und GR. Auf der einen Seite der theologische Hochschulabschluss, auf der anderen Seite ein eher praxisorientiertes Studium, das häufiger als bei Theologiestudierenden von Personen absolviert wurde und wird, die bereits Erfahrung in einem Erstberuf mitbringen. Während PR eher das Problem hatten oder auch noch haben, vom Pfarrer als mögliche*r Konkurrent*in betrachtet zu werden, litten und leiden GR darunter, wenn ihnen Arbeitsbereiche, für die sie geeignet wären, vorenthalten werden, um PR Wechsel- und Karrierechancen zu ermöglichen. Auch dann, wenn GR einen Master als wissenschaftlichen Hochschulabschluss zusätzlich zum Bachelor in Praktischer Theologie o. ä. vorweisen können, führt das in der Regel nicht zu einer angemessenen Anerkennung desselben. Zum Teil hat sich dies in den letzten Jahren geändert, z. B. durch die gemeinsamen Rahmenstatuten[5] für beide Berufsgruppen und durch zunehmend unterschiedliche Zugangswege zu pastoralen Berufen, flexiblere Stellenplanung und -vergabe sowie Entscheidungen zu Verbesserungen, was die Bezahlung von GR anbelangt.

1.3 Gründung des Bundesverbands der Gemeinde- referent*innen

Die Mitgliederzahlen der 1926 gegründeten Berufsgemeinschaft waren in der Zeit bis 1963 von 54 auf 722 gestiegen und danach bis Anfang der 1990er-Jahre sukzessive auf unter 400 gesunken. Das Interesse der neuen Gemeindereferent*innen war nicht nur deshalb gering, weil in der Berufsgemeinschaft nur Frauen Mitglied sein konnten. Auch entsprachen die eher auf Gemeinschaft und Spiritualität ausgerichteten Interessen der Berufsgemeinschaft nicht dem Wunsch nach einem vor allem berufspolitisch aktiven Verband. In den Diözesen wurden nach und nach Berufsverbände für GR gegründet, und es entstand die Idee eines Dachverbands von bestehenden und neu gründeten Verbänden. Die Einbeziehung der bisherigen Berufsgemeinschaft wurde erwogen, aber letztlich nicht umgesetzt. Gegründet wurde 1994 ein Bundesverband aus den GR-Diözesanverbänden und dem Verband Katholischer Religionslehrer/innen und Gemeindereferent/innen im Kirchendienst (VKRG). 1996 wurde er als e. V. neu gegründet, und im Jahr 2002 beschloss der VKRG mit knapper Mehrheit, sich zu trennen. Diese Trennung wurde vom Verband als Chance genutzt, sich ganz auf GR zu konzentrieren.

Ein Schwerpunkt der Arbeit war und ist die Vernetzung nach innen, also zwischen den Diözesanverbänden, und nach außen mit anderen Berufsgruppen (PR und Diakone), die in der Pastoral tätig sind, mit dem Zentralkomitee der deutschen Katholik*innen (ZdK), mit der Konferenz für berufsbegleitende Fortbildung (KBF) und mit den Ausbildungsleitungen. Zwischen den Verbänden der PR und GR besteht eine enge Zusammenarbeit an Katholikentagen. Verstärkt wurde die Kooperation in den letzten Jahren durch die Vernetzung derjenigen, die von den Verbänden in die Synodalversammlung delegiert waren.

Ein Aushängeschild ist die Verbandszeitschrift „das magazin", die seit 2002 viermal im Jahr in einer Auflage von ca. 2.000 Stück erscheint und weit über die Berufsgruppe hinaus wahrgenommen wird. Vor allem in den ersten Jahren spielten darin neben Informationen aus den Diözesanverbänden die Themen „Berufsprofil" und „Zukunft des Berufs GR" eine wichtige Rolle. Inzwischen geht es sehr viel mehr um Themen, die die Kirche insgesamt betreffen. Darüber hinaus will der Bundesverband der Gemeindereferent*innen Impulsgeber und Diskussionspartner in aktuellen kirchlichen und gesellschaftlichen Entwicklungen sein. Ergänzend zu Verbandszeitschrift und Homepage ist er auch über die sozialen Medien sichtbar.

1.4 Inhaltliche Schwerpunkte der Verbandsarbeit

a) Strukturelle Zweitrangigkeit

Strukturelle Zweitrangigkeit und die damit verbundenen Erfahrungen von mangelnder Wertschätzung und Einengung in Kompetenzen und Engagement ist ein kritisches Thema, seit es die Berufe GR und PR gibt. Bereits in einer der ersten Ausgaben des Magazins im Jahr 2003 berichtet eine Kollegin, Jeanette Kulik, über ihre Diplomarbeit zum Thema „Gemeindereferent*innen in heutiger Zeit".[6] Sie zitiert darin GR, die sie u. a. zu Problemen und Frustration im Berufsalltag befragt hat. Zwei daraus ausgewählte Zitate zeigen, was vor 20 (aber auch bereits vor 40) Jahren typische Klagen von GR waren. Sie sind leider bis heute aktuell.

- GR, Mann, seit 1999 im Beruf: „Das größte Problem liegt für mich in der Zusammenarbeit mit dem Priester. Wenn ich einen kooperativen Vorgesetzten habe, kann ich all das einbringen, was ich auch im Studium gelernt habe. Wenn ich aber auf einen diktatorischen oder monarchischen Führungsstil treffe, werde ich zum Seelsorgehelfer. Bei Auseinandersetzungen (…) ziehen wir in unserem Beruf immer den Kürzeren."
- GR, Frau, seit 1995 im Beruf: „Mich stört die Hierarchie der Kirche, die begrenzte Einflussnahme auf pastorale Entscheidungen, das Machtgehabe von Ordinierten (…)."

J. Kulik schreibt, dass die durchschnittliche Verweildauer im Beruf bei sieben Jahren liege, viele würden ein Zusatzstudium anschließen und eine andere Tätigkeit aufnehmen, da es im Beruf GR keine Aufstiegs- und kaum Veränderungsmöglichkeiten gibt. In derselben Ausgabe des Magazins beklagt sich ein Gemeindeassistent aus Köln über den abwertenden Umgang, den er durch den vorgesetzten Priester und seine Haushälterin erfährt. Er sieht sich in seinem Gefühl der Bedeutungslosigkeit bestätigt, als er kurz vor seiner Beauftragung die Information bekommt, dass in Köln die Beauftragungsformel geändert worden sei. Zuvor lautete eine Frage folgendermaßen: „Sind Sie bereit, ihre Aufgabe im Dienst Christi und der Kirche unter der Leitung des Bischofs in guter Zusammenarbeit mit den Priestern, den Diakonen und allen Laienmitarbeiterinnen und -mitarbeitern gut zu erfüllen?" Nun lautete sie: „Sind Sie bereit, ihre Aufgabe im Dienst Christi und der Kirche im Gehorsam gegenüber dem Bischof, als Helfer ihrer Pfarrer und (…) treu zu erfüllen?" Diese Formulierung wurde nach deutlicher Kritik aus den Berufsgruppen in den folgenden Jahren durch die Verantwortlichen in der Bistumsleitung wieder rückgängig gemacht.

Die Umfrage von 2022 und ihre Auswertung greift dieses Dauerthema der strukturellen Zweitrangigkeit von Profis in der Pastoral ohne Weihe auf. Das Nicht-Geweiht-Sein im klerikal-hierarchischen System verbindet die Berufsgruppen GR und PR und betrifft sie existentiell. Klerus und Laien, das sind in der römisch-katholischen Kirche zwei Existenzen, und trotz allem Bemühen um Synodalität bestätigen Erfahrungen im Berufsalltag, dass letztlich Kleriker bestimmen, wo der Platz von Lai*innen ist und welche Aufgaben sie übernehmen dürfen. Als oft hoch qualifizierte und kompetente Mitarbeiter*innen werden GR und PR seitens des Klerus einerseits als hilfreich, andererseits aber auch als Konkurrenz wahrgenommen. Als ab 2022 in mehreren Bistümern GR und PR eine Taufbeauftragung erhalten haben, gab es vorab vor allem aus Priester- und Diakonenkreisen Bedenken. Dahinter stand u. a. die Sorge: Braucht man Priester und Diakone eigentlich noch? Die Frage wurde auch durch einen Beschluss der Synodalversammlung virulent. Mit 95 zu 94 Stimmen wurde beschlossen, dass darüber beraten werden soll, ob am Priesteramt überhaupt noch festgehalten werden soll. Unter den Synodalen gab es Stimmen, denen zufolge ein paar Bischöfe ausreichen, um das System aufrechtzuerhalten – so man das denn will. Die pastorale Arbeit käme ohne Priester nicht zum Erliegen. In weiten Teilen wird sie aktuell bereits von GR und PR geleistet und auch ganz ohne Priester wären diese Seelsorger*innen in der Lage, weitere Aufgaben zu übernehmen. Die Kompetenzen sind vorhanden, entsprechende Beauftragungen könnten folgen.

b) Organisationsentwicklung

Auch die Perspektive der Organisationsentwicklung spielte in der Verbandsarbeit früh eine Rolle. Ein bedeutsamer Schritt war dabei eine Bundesversammlung im Jahr 2007, in der Valentin Dessoy mit den Delegierten zum Thema „Wir sind dann mal weg …" zu langfristigen Perspektiven pastoraler Tätigkeit gearbeitet hat. Er machte in der Theorie deutlich, was die Teilnehmer*innen aus ihrem Erleben kannten und aufgrund der Erfahrungen im Berufsalltag offensichtlich scheint: GR und PR gehören nicht zur Ursprungsordnung von Kirche. Sein Ansatz war, dies als Freiraum zu sehen und als Chance, Trends wahrzunehmen und alternative Szenarien zu entwickeln. „Die Pfarrei in der tradierten Form ist ein totes Pferd", so Dessoy. Wer jetzt Pfarrer werde, müsse Chef, Manager, Inspirator und Leader sein. Hauptberufliche in der Pastoral sollten Moderator*innen und Trainer*innen sein, die Entwicklungsprozesse begleiten.

Der zentrale Gedanke, den die Teilnehmer*innen aus dieser Tagung mitnahmen, lautete: „Tue nichts, was der Übernahme von Selbstverantwortung im Wege steht bzw. diese verhindert. Tue alles, damit die Menschen die Verant-

wortung für Glaube und Seelsorge selbst übernehmen."
Dieses Thema wurde in die Diözesanverbände hineingetragen und das Verbandsmotto war von da an „Kirche braucht Profis." Zehn Jahre später arbeitete der Bundesverband erneut mit Valentin Dessoy, und sein Statement wurde über die Versammlung hinaus breit diskutiert: „Kirche braucht Profis – aber keine Gemeindereferent*innen."[7] Ausgehend von statistischen Berechnungen erläuterte er, dass Tempo und Dimension der Veränderungen in den Gemeinden stark zunehmen. U. a. zeigte er anhand einer Weiterberechnung der statistischen Angaben der Bischofskonferenz auf, dass der offensichtliche Abwärtstrend im Bereich der Teilnahme an Sonntagsgottesdiensten im Jahr 2040 eine Teilnehmendenzahl von 0,6 % der Katholik*innen Deutschlands erwarten lasse.[8] Der Verbandsvorstand und die Verbandsmitglieder erkannten dadurch die Notwendigkeit eines Kulturwandels, wenn Kirche nicht völlig irrelevant werden soll.

c) (Macht-)Missbrauch in der katholischen Kirche

Die Hoffnung auf Reformierbarkeit der Kirche war zum Zeitpunkt der oben erwähnten Bundesversammlung im Jahr 2017 schon deutlich zurückgegangen. Der aufgrund des Missbrauchsskandals 2010 von den Bischöfen inszenierte Dialogprozess (2011–2015) blieb ohne nennenswerte Folgen: „Erlebnisse statt Ergebnisse"[9]. Eine konstruktive Aufarbeitung der bekannt gewordenen Missbrauchsfälle blieb aus. Diese Verhinderungs- und Verweigerungshaltung ist ein Grund dafür, dass die katholische Kirche bis heute mit dem Thema „Missbrauch" mit seinen vielen verschiedenen Spielarten nicht mehr aus den Schlagzeilen kommt.
Auf der Verbandsebene war das meistgefragte aller Magazine die Ausgabe 4/2018 mit dem Thema „Verbrechen

und Vertuschung – Aspekte zu Missbrauch in der Kirche". Das Interesse war so groß, dass eine größere Anzahl nachgedruckt werden musste. Auch der Hauptausschuss des Zentralkomitees der deutschen Katholiken (ZdK) bestellte 40 Exemplare. In einem der zahlreichen Leser*innenbriefe stand: „Was mich beim Lesen beschäftigt hat, ist eine andere Gewalt, die ich selbst als GR mehrfach erfahren habe: Mobbing, Drohung, Kleinmachen, Abwertung, Lügen. Ich habe meine Stelle mehrfach gewechselt, ich habe auf Seiten der Pfarrer viele unreife Persönlichkeiten erlebt, auch Menschen mit Persönlichkeitsstörungen. Trotzdem stand die Leitung hinter ihnen. Ich selbst wurde krank."[10] Die darauffolgende Bundesversammlung war die zu Beginn dieses Kapitels erwähnte Versammlung im März 2019 mit dem Thema: „Machtmissbrauch steckt in der DNA der Kirche."

Diese vom Bundesverband initiierte und durchgeführte Umfrage hat zum Ziel, Erfahrungen mit Machtmissbrauch in pastoralen Berufen aus der Perspektive von Betroffenen, aus der Perspektive möglicher Mittäterschaft und als Teil des Systems offenzulegen. Die dokumentierten Daten der Umfrage und ihre Auswertung sollen bereits erhobenes Datenmaterial anderer Untersuchungen ergänzen. Die Herausgeber sind davon überzeugt, dass die Ergebnisse der Umfrage unter den GR und PR dazu geeignet sind, breit diskutiert und fachkundig reflektiert zu werden. Erste Beiträge im vierten Kapitel dieses Buches geben den Auftakt dazu.

Literaturhinweise

J. Beck, Mach neu, was dich kaputt macht. Warum ich in die Kirche zurückkehre und das Schweigen breche, Freiburg 2022.
D. Blank, Verwurzelt in der Caritas. Die Entwicklung der Gemeinschaft katholischer Gemeindereferentinnen zwischen 1926 und 2014, Würzburg 2019.

H. Czernin, Das Buch Groer: Eine Kirchenchronik. Dokumentation, Klagenfurt 1998.

E. Drewermann, Kleriker. Psychogramm eines Ideals, Freiburg 1989.

M. Flesch, Die Betroffenen. Seelische Leidensräume in der katholischen Kirche, Würzburg 2022.

C. Florin, Der Weiberaufstand. Warum Frauen in der Kirche mehr Macht brauchen, München 2017.

T. Hanstein/H. Schönheit/P. Schönheit (Hrsg.), Heillose Macht. Von der Kultur der Angst im kirchlichen Dienst, Freiburg 2022.

B. Haslbeck/R. Heyder/U. Leimgruber/D. Sandherr-Klemp (Hrsg.), Erzählen als Widerstand. Berichte über spirituellen und sexuellen Missbrauch an erwachsenen Frauen in der katholischen Kirche, Münster 2020.

H. Haslinger, Macht in der Kirche: Wo wir sie finden – Wer sie ausübt – Wie wir sie überwinden, Freiburg 2022.

P. Hertel, Glaubenswächter. Katholische Traditionalisten im deutschsprachigen Raum, Würzburg 2000.

N. Lüdecke, Die Täuschung. Haben Katholiken die Kirche, die sie verdienen? Streitschrift zur Zwischenbilanz des Synodalen Wegs, Darmstadt 2021.

P. Morsbach, Der Elefant im Zimmer. Über Machtmissbrauch und Widerstand, München 2020.

M. Philippi [Margarethe Ruckmich], Die katholische Gemeindehelferin, Freiburg 1925.

D. Reisinger, Nicht mehr ich. Die wahre Geschichte einer jungen Ordensfrau, Wien 2014.

D. Reisinger, Spiritueller Missbrauch in der katholischen Kirche, Freiburg 2019.

D. Reisinger/C. Röhl, Nur die Wahrheit rettet. Der Missbrauch in der katholischen Kirche und das System Ratzinger, München 2021.

W. F. Rothe, Missbrauchte Kirche. Eine Abrechnung mit der katholischen Kirche und ihrer Sexualmoral, München 2021.

M. d. C. Tapia, Hinter der Schwelle – Ein Leben im Opus Dei. Der schockierende Bericht einer Frau, Zürich 1993.

Kapitel 2
Erfahrungen mit Machtmissbrauch – Umfrageergebnisse

Im Mai 2022 wurde in der Bundesversammlung des Verbandes der GR der Beschluss gefasst, eine bundesweite Umfrage unter Gemeindereferent*innen und Kolleg*innen in anderen pastoralen Laienberufen durchzuführen, um es einem breiten Kreis von Seelsorger*innen zu ermöglichen, von ihren Erfahrungen mit Machtmissbrauch im Rahmen ihrer beruflichen Tätigkeit und der pastoralen Arbeit an sich zu berichten. Der Bundesvorstand wurde beauftragt, den Beschluss umzusetzen und die Befragung durchzuführen. Die Fragestellungen wurden auf Grundlage dessen, was GR schon seit längerer Zeit als belastend benennen, formuliert. Ein vorläufiger Fragebogen wurde durch eine Gruppe von acht GR getestet und unter Berücksichtigung der Hinweise dieses Personenkreises in die finale Form gebracht. Das Anschreiben an potenzielle Umfrageteilnehmer*innen wie auch der Fragebogen sind abrufbar unter www.gemeindereferentinnen.de. Der Versand mit Bitte um Weiterleitung an die Mitglieder erfolgte durch den Bundesverband an die Vorstände der 18 Diözesanverbände, deren Dachverband der Bundesverband darstellt. Die Mitgliederzahl beträgt insgesamt 1.518 Personen[1] (Stand: 27.02.2023).

Es ist davon auszugehen, dass die meisten Verbandsmitglieder die Bitte um Teilnahme an der Umfrage erhalten haben. Darüber hinaus konnten die Verbände die Verteilerkreise auf GR ohne Mitgliedschaft wie auch auf PR ausweiten. Seitens des Vorstands wurden Kolleg*innen in Diözesen ohne Berufsverband zur Teilnahme eingeladen. Auch über einige Personalverantwortliche wurde die Umfrage bekanntgemacht. An der Weitergabe beteiligt war

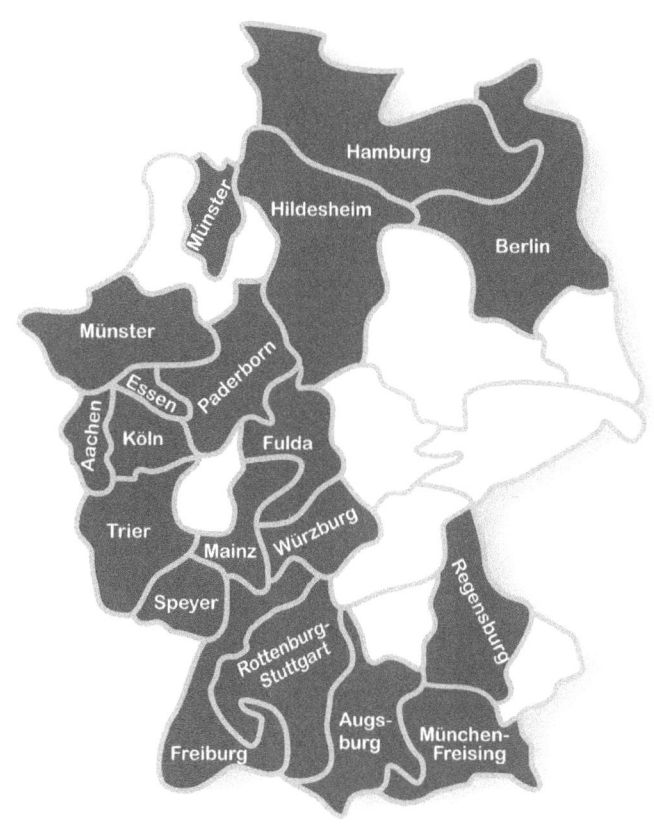

Abb. 1 Mitgliedsverbände des GR-Bundesverbands

darüber hinaus der Vorstand des Berufsverbands der PR. Trotz dieser Vielzahl an Verteilungswegen kamen nach Abschluss der Umfrage aus verschiedenen Bistümern Hinweise, dass bei einigen Kolleg*innen die Informationen zur Umfrage nicht angekommen seien. Eine letztlich unbekannte Zahl von GR und PR hatte also keine Chance, sich zu beteiligen. Wahrgenommen wurde die Befragung auch über die Berufsgruppen und Deutschland hinaus. Aus Luxemburg kam die Bitte um Zusendung des Fragebogens als Anregung für eine evtl. eigene Aktion. Aus der Schweiz wurde das Bedauern geäußert, dass die Umfrage nicht in allen deutschsprachigen Ländern bekanntgemacht worden sei. Diese und ähnliche Rückmeldungen lassen erkennen, dass durch einen breiteren Verteiler die Beteiligung an der Umfrage noch weitaus größer hätte ausfallen können. Teilgenommen haben schließlich 936 von derzeit insgesamt knapp 7.500 GR und PR in Deutschland. Diese Zahl übertrifft die Erwartungen des Verbands und bestätigt die Vermutung, dass es sich bei „Erfahrungen mit Machtmissbrauch" um ein virulentes Thema handelt.

Der Fragebogen zu Erfahrungen mit (klerikalem) Machtmissbrauch im pastoralen Beruf hatte folgende drei Teile:
- Teil 1: Fragen zur Person
- Teil 2: Fragen nach Erfahrungen mit Machtmissbrauch (vorgegebene Items, zum Teil Mehrfachantworten möglich oder auch Ergänzung von Stichworten)
- Teil 3: Offene Fragen mit begrenzter Zeichenzahl zu folgenden drei Bereichen:
  - Konkrete, persönliche Erfahrungen mit Machtmissbrauch
  - Gefahren spirituellen Missbrauchs in der pastoralen Arbeit
  - Notwendige Veränderungen in der katholischen Kirche

2.1 Statistische Ergebnisse: Fragen zur Person

Dass sich deutlich mehr GR (73 %) als PR (23 %) an der Umfrage beteiligt haben, ist darauf zurückzuführen, dass der Bundesverband der GR der Initiator der Aktion war. Zu berücksichtigen ist bei diesen Zahlen, dass im Bistum Münster beide Berufsgruppen als PR bezeichnet werden und dass die Berufsgruppe der PR nicht in allen Bistümern vertreten ist. Im Bistum Paderborn z. B. gab es zum Zeitpunkt der Umfrage noch keine PR; unmittelbar danach hat sich diese Situation geändert. Im Vergleich zur Gesamtverteilung von GR und PR fällt auf, dass die Zahlen der teilnehmenden PR in den Diözesen Köln und Rottenburg-Stuttgart mit ca. 49 % bzw. 40 % deutlich über dem Durchschnitt liegen. Bezüglich der Kölner liegt es vermutlich an den Verteilungswegen, in Rottenburg-Stuttgart an der Bekanntheit der Vorsitzenden des GR-Bundesverbands bei GR wie PR. Betrachtet man die Verteilung nach Altersgruppen, stellt man fest, dass ca. 60 % der Umfrageteilnehmer*innen über 50 Jahre alt sind. Ca. 70 % wurden vor mehr als zehn Jahren für ihren Dienst beauftragt. Was die Zahlen nach Geschlechtern anbelangt, sind 70 % weiblich, 30 % männlich und eine Person divers. Bei der Frage nach dem Einsatzschwerpunkt in der pastoralen Arbeit waren Mehrfachantworten möglich. Es ergab sich folgende Verteilung: ca. 74 % Territorialseelsorge, 32 % Kategorialseelsorge und 10 % Sonstiges. Bei den anschließend benannten Beispielen zu „Sonstiges" wurden zum Teil Bereiche benannt, die der Kategorialseelsorge zugeordnet werden können. Es werden aber auch Aufgaben wie Kirchenentwicklung oder Rundfunkarbeit angegeben. Insgesamt fällt auf, dass der Anteil des Einsatzes in der Territorialseelsorge im Vergleich bei der Berufsgruppe GR etwas höher ist, ebenso bei Berufsanfänger*innen und bei Frauen. Leser*innen, die sich für eine detailliertere Darstellung dieser und weiterer statistischer Ergebnisse interessieren, finden eine entsprechende Präsentation auf der Homepage des GR-Bundesverbands.[2]

Teilnehmende nach Diözesen	Anzahl
Köln	91
Rottenburg-Stuttgart	80
Paderborn	77
Limburg	59
Trier	55
Freiburg	47
Würzburg	47
Augsburg	45
München & Freising	45
Osnabrück	44
Aachen	36
Münster	36
Regensburg	28
Hamburg	25
Hildesheim	23
Speyer	23
Eichstätt	22
Bamberg	20
Mainz	17
Essen	16
Dresden-Meißen	14
Fulda	12
Berlin	10
Passau	9
Erfurt	3
Görlitz	1
Magdeburg	0

2.2 Statistische Ergebnisse: Erfahrungen mit Machtmissbrauch

Auf die Frage „Haben Sie persönlich im beruflichen Rahmen Erfahrungen gemacht, die Sie als übergriffig und/oder als Machtmissbrauch erlebt haben?", antworteten 70 % mit *Ja*, 24 % mit *Nein* und 6 % mit *Weiß nicht*. Beantwortet wurde die Frage von 906 der 936 Umfrageteilnehmer*innen. Der Geschlechtervergleich dazu zeigt einen deutlichen Unterschied: Bei Männern sind es 60 % *Ja*, bei Frauen 75 %. Neben der Frage zum persönlichen Erleben wurde in der Umfrage auch nach Beobachtung von Machtmissbrauch gegenüber Kolleg*innen gefragt. Hier ergab sich ein etwas höherer *Ja*-Wert von 74 %. Bei einer weiteren Frage zum Erleben von Machtmissbrauch konnte angekreuzt werden, wie belastend die Erfahrungen waren. Von den Personen, die bei der Frage nach Machtmissbrauch „Ja" angegeben haben, kreuzten 19 % *extrem* belastend an, 44 % *ziemlich* belastend und 37 % *wenig* belastend. Zum Zeitpunkt der Umfrage befanden sich knapp 40 % der Gesamtgruppe der Umfrageteilnehmer*innen in einer belastenden Situation. Für 3 % davon war es *sehr schlimm*, für 17 % *anstrengen*d und 18 % gaben an, sie *kämen damit ganz gut zurecht*.

a) Varianten von Machtmissbrauch

Bei den Fragen nach unterschiedlichen Erfahrungen mit Machtmissbrauch waren Mehrfachantworten möglich. Zunächst wurde die Frage nach persönlich erlebten Arten von Machtmissbrauch gestellt. In einer weiteren Frage mit denselben Items bestand die Möglichkeit, anzukreuzen, welche Varianten von Machtmissbrauch bei Kolleg*innen wahrgenommen werden/wurden. Die Zahlen in der fol- 37 genden Tabelle beziehen sich auf Teilstichproben zu diesen Fragen. In Spalte 1 sind nur diejenigen einbezogen, die auf die Frage „Haben Sie persönlich im beruflichen Rahmen Erfahrungen gemacht, die Sie als übergriffig und/oder als Machtmissbrauch erlebt haben?" mit „Ja" geantwortet haben (625 Fälle). In Spalte 2 sind nur diejenigen einbezogen, die auf die Frage „Kennen Sie Kolleg*innen im pastoralen Dienst, die mit Formen des Machtmissbrauchs konfrontiert waren oder sind?" mit „Ja" geantwortet haben (676 Fälle). Im Schnitt haben die einzelnen Befragten bei der ersten Frage 3,9 der vorgegebenen Formen benannt, bei Frage 2 sind es 5,2 Formen:

Arten von Machtmissbrauch	Persönlich erlebt	Bei Kolleg*innen wahrgenommen
Missachtung/Behinderung beruflicher Kompetenzen	72 %	55 %
Abwertung wegen fehlendem Weiheamt	54 %	47 %
Bossing (Mobbing durch Vorgesetzte)	44 %	54 %
Spirituelle Bevormundung	40 %	40 %
Missachtung meiner Arbeitnehmer*innenrechte	30 %	33 %
Abwertung aufgrund meines Geschlechts	30 %	38 %
Freie Meinungsäußerung unterbunden	23 %	27 %
Denunziation	20 %	22 %
Mobbing	18 %	23 %
Spiritueller Missbrauch (persönliche Spiritualität)	17 %	25 %
Beschimpfung	16 %	19 %
Verbale sexuelle Belästigung	13 %	16 %
Abwertung aufgrund meiner Lebensform	9 %	18 %

Handgreifliche sexuelle Belästigung	6 %	16 %
Sexuelle Gewalt	1 %	3 %
Körperliche Gewalt	1 %	2 %

Bei der Frage nach Machtmissbrauch gegenüber Kolleg*innen sind die prozentualen Angaben zu den meisten Bereichen höher. Nur bei folgenden zwei Items stellt es sich umgekehrt dar: „Missachtung oder Behinderung meiner beruflichen Kompetenzen" und „Abwertung in Person und/oder Kompetenzen wegen fehlendem Weiheamt". Es handelt sich bei diesen Varianten um in pastoralen Lai*innenkreisen als systemtypisch bekannte Formen von Abwertung. Möglicherweise spielt diese strukturelle Kränkung in Gesprächen untereinander keine allzu große Rolle, wird aber von den jeweiligen Betroffenen als belastende und folgenreiche Verletzung erlebt.

Bei der Fragestellung nach persönlich erlebtem Machtmissbrauch sind die Prozentangaben von Frauen höher als die von Männern. Frauen benennen häufiger, dass sie in ihren Kompetenzen und aufgrund des fehlenden Weiheamts abgewertet werden, ihre Arbeitnehmerinnenrechte werden häufiger missachtet. Der Wert bei „Beschimpfung" ist bei Frauen doppelt so hoch wie bei Männern. Und während 4 % der Männer verbale sexuelle Belästigung beklagen, sind es bei Frauen 14 %. Männer hingegen benennen die Abwertung aufgrund ihrer Lebensform häufiger als Frauen. Junge Befragte benennen häufiger sexuelle Belästigung als ältere Kolleg*innen. Berufsanfänger*innen beklagen besonders häufig, dass sie ihre Meinung nicht sagen dürfen. Ältere hingegen haben höhere Werte bei Beschimpfung, Abwertung in den Kompetenzen, Bossing und Missachtung der Arbeitnehmer*innen-Rechte. Bei diesen Antworten ist zu berücksichtigen, dass langjährige Mitarbeiter*innen auf mehr Erfahrungen zurückblicken können.

b) Durch wen erfolgten die Übergriffe?

Auch bei der folgenden Tabelle werden diejenigen einbezogen, die auf die Fragen „Haben Sie persönlich im beruflichen Rahmen Erfahrungen gemacht, die Sie als übergriffig und/oder als Machtmissbrauch erlebt haben?" oder „Kennen Sie Kolleg*innen im pastoralen Dienst, die mit Formen des Machtmissbrauchs konfrontiert waren oder sind?" mit „Ja" geantwortet haben (767 Fälle). Befragte, die mindestens einen Täter benannt haben, kreuzten im Schnitt 2,6 Items an.

Durch wen erfolgten die Übergriffe?	Teilstichprobe
Dienstvorgesetzter Priester	88 %
Weiterer Priester oder Diakon im Team	44 %
Ehrenamtliche mit Leitungsfunktion	23 %
Weiteres Teammitglied im Pastoralteam	23 %
Ehrenamtliche Mitarbeiter*innen	21 %
Dienstgebervertreter*in	18 %
Weitere hauptberufliche MA in der Einrichtung	18 %
Bischof	13 %
Ausbildungsverantwortliche*r	11 %
Geistliche*r Begleiter*in	5 %
Supervisor*in	3 %

Beim Vergleich der Umfragewerte zu dieser Frage in den fünf Bistümern mit über 50 Umfrageteilnehmer*innen zeigen sich zum Teil große Unterschiede. In den Bistümern Paderborn, Rottenburg-Stuttgart, Limburg und Trier benennen z. B. zwischen 94 % und 98 % den dienstvorgesetzten Priester als den, der ihnen gegenüber seine Macht missbraucht. Im Erzbistum in Köln ist dieser Wert mit 84 % leicht unterdurchschnittlich, dafür erreichen dort weitere

Priester und Diakone im Pastoralteam einen deutlich er-
höhten Wert von 53 %. Bemerkenswert ist bei den genannten Bistümern auch, wie oft der Bischof genannt wird. In
Limburg liegt der Wert bei 3 %, in Paderborn und Rottenburg-Stuttgart bei 10 %, in Trier bei 16 % und in Köln bei
34 %. Mit 80,5 % liegt Köln auch an der Spitze, was Erfahrungen mit Machtmissbrauch insgesamt anbelangt.

c) Folgen des erlittenen Machtmissbrauchs

In der folgenden Tabelle befinden sich die Werte der Teilstichprobe der Befragten, die auf die Frage „Haben Sie persönlich im beruflichen Rahmen Erfahrungen gemacht, die
Sie als übergriffig und/oder als Machtmissbrauch erlebt haben?" mit „Ja" geantwortet haben:

Folgen des erlittenen Machtmissbrauchs	Teilstichprobe
Psychische Belastung oder Krankheit	72 %
Schlaflosigkeit	62 %
Angst	41 %
Unfreiwilliger Stellenwechsel	39 %
Körperliche Krankheit	20 %
Familiäre Probleme	12 %
Panikattacken	10 %
Finanzielle Nachteile	6 %
Verlust des Arbeitsplatzes	3 %

Da die Fragestellung nach den Folgen allgemein und nicht
spezifisch auf die jeweiligen Formen und Täter*innen aus-
gerichtet war, können dazu keine direkten Bezüge her-
gestellt werden. Möglich ist allerdings ein Vergleich, was
geschlechterspezifische Ergebnisse anbelangt. Daraus ergibt
sich, dass Frauen häufiger als Männer körperliche und psychische Probleme angeben. Männer hingegen leiden doppelt

so häufig unter familiären Problemen. Auf die ergänzende Frage nach Beispielen zur Rubrik „Sonstiges" gibt es 167 Antworten, die eine große Bandbreite des Erlittenen dokumentieren, z. B.: Ärger (19 x), Motivationsverlust (15 x), Unsicherheit/Verunsicherung (14 x), Wut (13 x), Misstrauen (7 x), Ohnmacht (6 x), über Monate andauernder Burnout, Lebenskrise, Vertrauensverlust, innere Kündigung, Scham, Suizidgedanken, Erschöpfungsdepression, spirituelle Krise, chronische Schmerzen, Verfolgungsangst und Autounfall sowie unbändige Wut. Hier beispielhaft einige Zitate[3] zu Folgen des erlittenen Machtmissbrauchs:

- *Schwere traumatische Folgen, Vertrauensverlust, Verlust meiner kirchlichen Heimat.*
- *Ich bin mit einer reaktiven schweren Depression in die Psychiatrie gekommen und war dort mehrere Monate. Es hat lange gedauert, bis ich mich zurück ins Leben gekämpft hatte, aber ganz die Alte bin ich nie wieder geworden.*
- *Ich habe chronische Schmerzen, die sich durch Bossing massiv verschlechtert haben.*
- *Leben mit eigener Unwahrhaftigkeit. Man möchte aufdecken, ist ohnmächtig und ratlos, an wen man sich geschützt wenden kann, spielt mit, passt sich an, sucht Nischen, um sich zu schützen.*
- *Verfolgungsangst; mangelndes Vertrauen in Mitmenschen, Freunde ... Arbeitskollegen; ich konnte den Alltag nicht mehr bewältigen; Autounfall; Angst, Auto zu fahren.*
- *Wut / nicht verstehen, wie einem „Das" passieren kann / Ohnmacht – das Gefühl, sich nicht wehren zu können / wer glaubt mir?*

d) Weitere Ergebnisse

In der Umfrage gab es auch die Möglichkeit, anzugeben, ob man um Hilfe gebeten hat und ob und von wem es Hilfe und Unterstützung gab. Es zeigt sich, dass etwas mehr Frauen als Männer um Hilfe gebeten haben. Hilfe erhalten haben sehr viel mehr Personen im privaten als im dienstlichen Bereich. Männer wurden am häufigsten von ihrer/ihrem Partner*in unterstützt, Frauen von Freund*innen. Im beruflichen Bereich hat Supervision den höchsten positiven Wert, gefolgt von Geistlicher Begleitung und Unterstützung durch die MAV. Am wenigsten Hilfe wurde durch den dienstvorgesetzten Pfarrer erlebt, etwas mehr im Schnitt durch Mitarbeiter*innen der Personalabteilung.

Bei einigen Antworten gibt es Unterschiede, was die Berufsgruppen anbelangt. Bei „Missachtung oder Behinderung meiner beruflichen Kompetenzen" zeigt sich ein deutlicher Unterschied. 61 % der PR haben dies angegeben, bei den GR sind es 71 %. Außerdem ist der Wert bei „handgreiflicher sexueller Belästigung" bei GR doppelt so hoch wie bei PR. „Körperliche Krankheit" als Folge der Missbrauchserfahrungen geben 20 % der GR an. Bei PR sind es 7 %. Höhere Werte gibt es bei PR zum Teil bei der Frage nach den Personen, durch die Machtmissbrauch erlebt wurde. Während GR bei Dienstgebervertreter*innen 15 % erreichen, sind es bei PR 27 %. Zwar im niedrigen Bereich, aber dennoch, zeigt sich auch ein Unterschied zu Machtmissbrauch durch Supervisor*innen. Bei GR sind es 1,5 %, bei PR 6 %.

2.3 Antworten auf offene Fragen zu Erfahrungen mit Machtmissbrauch

In einem weiteren Teil der Umfrage bestand die Möglichkeit, in von der Zeichenzahl her begrenzten Texten konkrete Beispiele zu Erfahrungen mit Machtmissbrauch zu benennen. In der PDF-Fassung aller Ergebnisse füllen diese Beispiele 144 DIN A4-Seiten. Das Nennen von Beispielen geschah unabhängig von den ankreuzbaren Varianten. In der Auswertung der Umfrage wurden diese Beispiele von ihrem jeweiligen Inhalt her, soweit möglich, zu den Items der Frage nach Formen des Machtmissbrauchs in Beziehung gesetzt. Hierbei ergaben sich Schwerpunkte, die im Folgenden dargestellt sind. Die Zitate stellen eine Auswahl dar aus vielem, das in ähnlicher Weise von anderen Umfrageteilnehmer*innen erzählt und benannt wird. Ein paar wenige Zitate stammen aus den Interviews, die im Nachgang zur Studie stattgefunden haben. Diese wurden von den jeweiligen Personen zur Veröffentlichung freigegeben.

Variante 1: Missachtung und Abwertung fachlicher und beruflicher Kompetenzen
„Missachtung und Abwertung fachlicher und beruflicher Kompetenzen" ist das Item mit dem höchsten Wert bezüglich persönlicher Betroffenheit von Machtmissbrauch. Unter Nutzung des Begriffs „Kompetenz" wird diese Form der Abwertung in den offenen Fragen allein 34 x als persönliche Erfahrung benannt. Bei der Sichtung der frei formulierten Beispiele fällt auf, dass die Missachtung und Abwertung fachlicher und beruflicher Kompetenzen in den meisten Fällen verschiedene Bereiche betrifft und auf unterschiedliche Ursachen zurückgeführt werden kann. Dazu zählen die Überhöhung des Weihestatus und die damit ver
44   bundene Erkenntnis, dass Priester allein aufgrund der Wei-

he und oft völlig unabhängig von ihren Kompetenzen mehr geschützt und weniger kritisiert werden. Auch die in Gesellschaft und Kirche zu beobachtende Tendenz, die Arbeit von Frauen generell geringzuschätzen, spielt in diesem Zusammenhang eine Rolle. Hier ein paar Beispiele dazu, wie Umfrageteilnehmer*innen die Missachtung ihrer Kompetenzen schildern:

- *Erfahrungen und Kompetenzen werden als Bedrohung wahrgenommen und abqualifiziert, es werden Entscheidungen getroffen für meinen Zuständigkeitsbereich, ohne dass ich auch nur informativ einbezogen werde.*

- *Meine Mentorin/Gemeindereferentin wurde vom indischen Pfarrer nicht als Teammitglied gesehen, sondern als eine einfache Sekretärin,* zuständig u. a. für *Kaffeekochen und am besten noch für den Herren einkaufen gehen.*

- Wenn GR oder PR *nur Zuarbeit* erlaubt wird, aber *keine konzeptionelle Planung,* z. B. in der *Sakramentenkatechese.*

- *Die neue Gemeindereferentin bringt jahrelange Beerdigungserfahrung mit. In den Urlaubszeiten des Pfarrers darf sie gerne den Beerdigungsdienst übernehmen, darüber hinaus ist sie außen vor.*

Variante 2: Bossing (Mobbing)

Das von Werner Stangl herausgegebene Lexikon für Psychologie und Pädagogik definiert Mobbing wie folgt: „Mobbing bezeichnet einen Prozess der systematischen Ausgrenzung und Erniedrigung eines anderen Menschen, die von einer oder mehreren Personen betrieben werden. Diese feindseligen Handlungen geschehen mit einer gewissen Regelmäßigkeit, also mindestens einmal pro Woche und über eine bestimmte Dauer, d. h. mindestens ein halbes Jahr."[4] In der Umfrage wird neben Mobbing eigens nach

Erfahrungen mit Bossing, also mit Mobbing durch den Vorgesetzten, gefragt. Bossing wird in der Umfrage deutlich häufiger als Mobbing angekreuzt. Dies kann dazu in Bezug gesetzt werden, dass 88 % der Befragten den dienstvorgesetzten Pfarrer als mit großem Abstand hauptsächlichen Verursacher von Machtmissbrauch angeben.[5] Vor allem bei einer Tätigkeit im territorialen Bereich wird die Dienstvorgesetztenfunktion fast immer von einem Priester ausgeübt. Ob die im Lauf der Umfrage benannten Handlungsweisen der oben genannten Beschreibung oder auch juristischen Definitionen von Mobbing/Bossing standhalten würden, ist im Kontext dieser Umfrageauswertung nicht relevant, da es hier vordergründig nicht um eine rechtliche Einordnung geht. Gefragt wird in der Umfrage nach dem Erleben der pastoralen Mitarbeiter*innen. Das Ergebnis dokumentiert, dass eine große Zahl der Umfrageteilnehmer*innen das Verhalten ihres Dienstvorgesetzten als Bossing wahrnimmt. Hierzu eine kleine Auswahl aus zahlreichen Beispielen, die das Erlebte als Mobbing/Bossing qualifizieren:

- *Auf jegliche Argumente meinerseits wurde nicht eingegangen und vom Pfarrer wurde wie ein Refrain geantwortet: „Ich bin Chef und so läuft es."*
- *Tägliche persönliche, verbale und schriftliche Beschimpfungen und Bedrohungen!*
- *Einer meiner leitenden Pfarrer führte in jedem (!) Dienstgespräch eine*n Mitarbeiter*in vor, bis es zu Tränen kam. Mittel waren Herabsetzung, ständiges Unterbrechen, Beschimpfungen, Sabotage der Arbeit. Das Ordinariat[6] kannte seinen berüchtigten Leitungsstil und ließ ihn dennoch gewähren. Man hat ihm gerne Leute (z. B. Priesteramtskandidaten) geschickt, die man loswerden wollte. Die Folge war, dass alle Angst vor ihm und dem Dienstgespräch hatten.*

- Massiver Machtmissbrauch der Leitung im Mitarbeiter-gespräch und in Sitzungen des Pastoralteams: Redeverbot, lautstarke verbale Angriffe mit Drohgebärden, Manipulation, Ausspielen der Teammitglieder durch unwahre Behauptungen oder Verdrehung von Tatsachen, Drohungen, starke Ausübung von Druck, Verweigerung von Klärungsgesprächen oder Team-Supervision, Ignorieren von Teammitgliedern, Abwertung und Verurteilung der Personen hinter ihrem Rücken, auch in weiteren Kreisen.

- Ein neuer Pfarrer kam in den Seelsorgebezirk, in dem ich bis dahin acht Jahre gearbeitet habe. Mein Werben für die Weiterführung von Bereichen, die super liefen und mit denen nahezu alle Beteiligten sehr zufrieden waren, kam bei ihm als Widerstand an. Die Situation spitzte sich zu, ich entschied mich zum Stellenwechsel und hörte dann vom PGR[7]-Vorsitzenden, dass der Pfarrer ihm ganz am Anfang gesagt hatte: „Den N. mache ich klein!" Bossing mit Ansage.

- Mein damaliger cholerischer dienstvorgesetzter Pfarrer nannte mich in Dienstbesprechungen „Kindchen", machte sexuell anzügliche Bemerkungen und hat mir auf den Hintern gehauen. Als ich es mir verbat, wurde ich jahrelang im Pfarrhaus von ihm und der Sekretärin gemobbt. Anschließend wurde ich krank.

Neben dem Dienstvorgesetzten werden auch andere Personen, wie z. B. Kolleg*innen, Pfarrhaushälterinnen oder auch Ehrenamtliche als Täter*innen benannt. Dazu ein Beispiel:

- Mobbing durch PGR-Vorsitzenden und seine Frau. Aussage: „Die Kleine erziehen wir uns!" Die Frau schrieb einen Brief an die Personalverantwortlichen, der unter der Gürtellinie war, nachdem ich mich nicht von ihr erpressen lassen wollte. Es sollte jeden Monat ein Treffen geben, in dem mir meine „Fehler" aufgezeigt werden sollten. Es endete erst, als sie kurze Zeit später krank wurde und starb.

Variante 3: Abwertung der Person und der fachlichen Kompetenz aufgrund des fehlenden Weiheamts
Mehr als die Hälfte der Umfrageteilnehmer*innen, die angegeben haben, dass sie als kirchliche Arbeitnehmer*innen Betroffene von Machtmissbrauch sind, benennen im ersten Teil der Umfrage die „Abwertung der Person und der fachlichen Kompetenz aufgrund des fehlenden Weiheamts." Dies bestätigt, dass viele GR und PR erleben müssen, dass sie „nur" Nichtgeweihte sind. Ihre fachliche, soziale und personale Kompetenz wird als zweitrangig betrachtet. In besonderer Weise davon betroffen sind Frauen, da sie gar keine Chance haben, die höhere Hierarchieebene zu erreichen. Belastend ist diese Haltung, die man sowohl bei Männern mit Weiheamt als auch unter Kirchenmitgliedern insgesamt finden kann, für Seelsorger*innen aller Geschlechter. In den Antworten auf die offenen Fragen wird dieser „Weihemangel" ausdrücklich 26 x erwähnt. Da das Thema nicht nur in Verbindung mit dem Begriff „Weihe" benannt wird, sind die Aussagen dazu insgesamt noch viel zahlreicher. Hier einige Beispiele:

- *Priester: „Solange ich Eucharistiefeiern halten kann – und wenn es fünf am Tag sein müssen –, werde ich keinen Platz machen, damit ein dahergelaufener Laie eine Wortgottesfeier hält."*
- *Ich, Gemeindereferentin, damals seit etwa 8 Jahren. Kaplan, neu im Team, auf eine konstruktive Rückmeldung von mir: „Von dir lasse ich mir nichts sagen."*
- *Der Pfarrer der Gemeinde erkrankte plötzlich. Die Diözesanleitung schickte keinen Vertreter. So habe ich*

wichtige Entscheidungen, z. B. zu Gottesdiensten mit dem PGR getroffen. Nach acht Wochen kam ein Administrator. Er hat alles nach seinem Willen entschieden, mit den Worten: „Was Frau ... sagt, ist mir scheißegal – ich bin hier schließlich der Pfarrer."

- *Beendigung einer Diskussion mit einem Kollegen zum Thema „Könnten Frauen Priester sein?" Er: „Am Ende funktioniert es eh nicht, denn du bist das falsche Material. Das ist wie mit Cola Messe feiern."*

- *Z. B. der Ausspruch: „Ich habe Priesterhände, nur diese können wirklich segnen" – Mitten in einem Gottesdienst mit Kindersegnung. Die Kinder habe ich auf diesen Gottesdienst vorbereitet und durch das gesamte Kindergartenjahr auch begleitet.*

Variante 4: Missachtung der Arbeitnehmer*innenrechte

GR und PR sind Arbeitnehmer*innen, für die dieselben arbeitsrechtlichen Regelungen gelten wie für andere kirchliche Beschäftigte auch. Die Regelungen der Kommissionen für die Ordnung des kirchlichen Arbeitsvertragsrechts (KODAen) orientieren sich am öffentlichen Dienst und dürfen die für Arbeitnehmer*innen geltenden Arbeitsrechte nicht unterschreiten. Ein paar wenige Ausnahmen gibt es nur aufgrund der Tatsache, dass Kirchen Tendenzbetriebe sind, in denen besondere Loyalitätspflichten gelten. Dass knapp ein Drittel der Befragten im statistischen Teil Erfahrungen mit „Missachtung von Arbeitnehmer*innenrechten" angeben, stellt eine Problemanzeige dar, die durch die Antworten auf die offenen Fragen inhaltlich präzisiert wird. Diese zeigen auf, dass viele Dienstvorgesetzte, aber auch Personalverantwortliche und die Mitarbeiter*innen selbst häufig nicht wissen oder ernst nehmen, dass es bei den Berufen der GR und PR um klar geregelte Arbeitsverhältnisse geht. Im Rahmen des Buchprojekts kann auf die- 49 sen Missstand nur hingewiesen werden. Eine detaillierte Auswertung wäre möglich und würde voraussichtlich Handlungsnotwendigkeiten aufzeigen. Aus Ergebnissen des statistischen Teils ist ersichtlich, dass einige pastorale Mitarbeiter*innen Unterstützung durch die zuständige Mitarbeitervertretung (MAV) erhalten, in den offenen Antworten gibt es jedoch auch Kritik, z. B. an einer MAV, weil sie Anliegen nicht bearbeite aus mangelnder Bereitschaft, sich mit dem Dienstgeber kritisch auseinanderzusetzen. An konkreten Beispielen für Verstöße gegen arbeitsrechtliche Vorgaben findet man in den Antworten z. B. Folgendes:

- *An drei Stellen war es nicht möglich, den einen freien Tag in der Woche wirklich einzuhalten. Arbeit an Feiertagen konnte nie ausgeglichen werden. In Krankheitstagen wurde vom Pfarrer Druck gemacht, „möglichst schnell wieder gesund" zu werden.*

- *Unter Druck setzen durch Bemerkungen „Ich arbeite auch 70 Stunden in der Woche."*

- *Einer/einem Kolleg*in wurde vom Pfarrer gesagt, dass sie als Arbeitszeit nur die Zeit anrechnen dürfe, in der sie Termine wahrnimmt. Vorbereitungszeiten im Büro würden nicht dazugehören. Um jedes technische „Hilfsmittel" (Computer, Telefon etc.) musste sie lange kämpfen. Am Ende wurde sie versetzt, nicht der Pfarrer.*

- *Vorenthaltung eines anständigen Arbeitsplatzes, Demütigung mit Zuweisung einer ungeheizten Abstellkammer ohne Wasser/WC.*

- *Missachtung der Arbeitsrechte: Trotz des nicht selten 12-stündigen Arbeitstags (bei 50 % Stelle) wurde Druck ausgeübt, noch mehr zu machen. Dies führte zu übermäßig vielen Überstunden, die nicht abgebaut werden konnten. Die Aufgabenumschreibung wurde ignoriert und weitere Aufgaben zugewiesen. Die Empfehlungen des Ordinariats wurden nicht beachtet.*

- *Ich verlor im ersten Schwangerschaftsdrittel mein Kind und legte zunächst nur eine Arbeitsunfähigkeitsbescheinigung vor. Da ich sehr traurig war, habe ich den Grund erst einige Zeit später meinem Vorgesetzten erzählt. Er sagte, ich hätte dadurch das Vertrauensverhältnis beschädigt, und betrieb mit fadenscheinigen Gründen sowohl meine Versetzung als auch die meines Mannes, der in der Nachbargemeinde tätig war.*

- *Ich musste klarstellen, dass ich nicht zuständig bin, dem Pfarrer die Wohnung zu putzen, Küsterdienste sind nicht meine Aufgabe. Dienstbesprechungen, Jahresgespräche, Einsatz im Beerdigungsdienst musste ich einfordern. Benutzung meiner Unterschrift ohne Erlaubnis musste ich untersagen (mithilfe des Datenschutzbeauftragten). Die Bezeichnung Seelsorgerin wurde nicht für mich verwendet, sondern „die kleine Hilfe des Pfarrers" und Katechetin. Dies sind Beispiele meiner aktuellen Situation. Beispiele der vorigen Stelle: Überstunden durften nicht abgebaut werden. In der Mittagszeit musste ich das Büro verlassen und saß dann häufig, egal zu welcher Jahreszeit, zwei Stunden wartend im Auto, da meine Dienststelle mehr als 20 km von meinem Heimatort entfernt war.*

Variante 5: Abwertung der Person und fachlichen Kompetenz aufgrund des Geschlechts

Bei der Frage nach Erfahrungen mit Abwertung der Person und/oder der fachlichen Kompetenz aufgrund des Geschlechts differiert die Prozentzahl in der o. g. Teilgruppe bei den Angaben zu eigenen Erfahrungen (30 %) erheblich von der Prozentzahl bei den Angaben, in denen es um Außenwahrnehmung und Beobachtungen geht. Die Einschätzung, dass Kolleginnen von Abwertung aufgrund ihres Geschlechts betroffen sind, liegt bei 38 %. In den konkreten 51

Aussagen zu diesem Thema geht es generell darum, dass es Frauen mehr noch als Männer ohne Weihe schwer haben, als Profis in der Pastoral ernst genommen zu werden. Immer wieder benennen männliche Befragte ausdrücklich, dass ihre Kolleginnen im Vergleich stärker benachteiligt sind als ihre männlichen Kollegen. Es wird auch der Eindruck kommuniziert, dass GR, also Zugehörige einer zu ca. 70 % aus Frauen bestehenden Berufsgruppe, als „unterste Stufe" in der Berufshierarchie eingeordnet werden. Verstärkt und in gewisser Weise legitimiert wird die besondere Betroffenheit von Frauen gerade in der römisch-katholischen Kirche dadurch, dass die durch zölibatäre Männer festgelegte Lehre der Kirche ein binäres, misogynes Geschlechtermodell als gottgewollt darstellt, in dem Frauen z. T. andere Rollen zugewiesen werden als Männern. Hier einige Beispiele zur Abwertung aufgrund des Geschlechts:

- *Ich (w) erlebe oft, dass meine Vorschläge in Runden von Priestern ignoriert werden und ich keine Antwort bekomme.*

- *Wenn Frauen ein Problem haben und dies ansprechen, werden sie oft als hysterisch dargestellt und aufgrund ihres Geschlechts wird das Problem gar nicht ernst genommen. Diese Haltung ist tief verankert in unserer Kirche.*

- *Es ging während des Lockdowns darum, wie man digital die Osterzeit gestaltet. Einem Kollegen fiel in der Dienstbesprechung ein, evtl. Podcasts/Interviews mit dem Vorgesetzten zu machen. Dazu dann sein Kommentar: „Ja, und die Frau (GR) ... kann dann im Hintergrund wie ein Häschen hoppeln." Ich war damit gemeint. Er lachte laut auf, dann alle Kolleginnen und Kollegen in der Dienstbesprechung, bis auf zwei. Später entschuldigten sich viele bei mir im Büro. Eine Kollegin weinte dabei.*

- *Auf einer anderen Stelle meinte der Vorgesetzte (auch Priester mit höherem Amt) auf meine Frage hin, weshalb keine Mitarbeiterjahresgespräche stattfinden: „Was soll man da mit ihnen reden? Wenn Frauen ihre Tage haben, sind sie eh nicht ansprechbar."*

- *In meiner ersten Stelle durfte ich keine Kommunion austeilen, weil ich Periode haben könnte.*
- *„Mein" Pfarrer hat mir die offizielle Dienstanweisung gegeben, in meiner Schrift im Dienst nicht mit einer Form des Gaps zu gendern. Er hat sich dabei auf das Lehramt berufen.*
- *Wenn der Pfarrer im PGR auf „Kumpel" macht und verkündet, „die Weiber" (2 x GR, 1 x PR) muss man nicht ernst nehmen.*
- *Ich erinnere mich an eine sehr begabte und kluge Mitstudentin. Sie war der Typ Frau, der Spaß daran hat, sich fraulich-attraktiv zu geben. Sie hatte in mehreren Bistümern Bewerbungsgespräche. Sie wurde nicht genommen. An der Fachkompetenz kann es nicht gelegen haben … Bereits im aktuellen Jahrtausend fand irgendwo eine Veranstaltung mit Pastoralassistent*innen und Priesteramtskandidaten statt, an der ich und einige andere Kolleginnen teilgenommen haben. Eine von uns hatte rote Schuhe an. Keine hohen Absätze, ganz normale rote Schuhe. Die angehenden Priester haben sich fast nicht mehr eingekriegt. Die sind abgegangen, als ob sie ihnen nackt vor der Nase herumgetanzt wäre.*

Variante 6: Sexuelle und sexualisierte Übergriffe
Ca. 13 % der Umfrageteilnehmer*innen haben Erfahrungen mit verbaler sexueller Belästigung selbst erlebt, etwas mehr wissen um entsprechende Erfahrungen von Kolleg*innen. In der Umfrage berichtet ein Mann z. B. von „zwielichtigen" homosexuellen Beziehungsangeboten durch Priester. Frauen erzählen von doppeldeutigen Kontaktaufnahmen durch Vorgesetzte, davon, dass sie mit

„Schätzchen" angesprochen werden oder auch, dass sie sich durch sexistische Witze belästigt fühlen. Persönlich damit konfrontiert sind Frauen häufiger als Männer. Die Zahlen bei handgreiflicher Belästigung und sexueller Gewalt sind insgesamt geringer, allerdings ohne große Unterschiede, was das Geschlecht anbelangt. Auffallend ist jedoch die Häufigkeit von berichteten Erfahrungen in Teil 2 der Umfrage. Eine etwas größere Zahl von Beispielen soll dies deutlich machen:

- *Nach dem ich einem bestimmten Priester erzählt habe, dass ich bereits missbraucht wurde, hat dieser sich mir auf unterschiedliche Weise genähert, zunächst als guter Zuhörer und Versteher, dann nach vielen Monaten körperlich.*

- *Ein Mitglied der Diözesanleitung sagte, dass ich meinen Job verliere, wenn ich weitergebe, dass ich einen verbalen und handgreiflichen Übergriff gegenüber einer Firmkatechetin gehört und gesehen habe.*

- *Unangenehme Blicke auf meinen Po und die Beine. Ich bin mit diesem Priester nicht allein im Pfarrhaus geblieben, weil ich Angst vor handgreiflichen Übergriffen hatte. Den Hinweis (durch die Supervision), mich verbal zu verteidigen, habe ich versucht, umzusetzen. Es hat eher zu einer größeren Aggression des Täters geführt.*

- *Grabschen an den Po durch einen Priester / Abwertende Kommentare dazu, was ich als Frau alles nicht kann / keine Respektierung von „Privatsphäre" im Büro, immer wieder über Grenzen gehen, laut werden, anschreien, vor anderen runtermachen / Keine Unterstützung durch die Diözese. Es hieß immer nur, sie wüssten um das Problem, aber sie könnten nichts machen.*

- *Ich bin durch einen Priester mehrfach intim angefasst worden. Das hat mich aus der Bahn geworfen und ich habe mich jahrelang dafür furchtbar geschämt und es dauerte lange bis ich mich auf eine normale Beziehung einlassen konnte.*

- *Nach einer Feier im Pfarrhaus legte sich der Ausbildungspfarrer zu mir ins Bett, umarmte mich und suchte mit der Hand mein Geschlechtsteil. Zunächst war ich wie gelähmt und reagierte nicht. Ich hoffte, er würde von sich aus damit aufhören. Das tat er aber nicht. Erst als ich mir der Situation bewusst wurde, sagte ich ihm, er soll damit aufhören und schob ihn aus dem Bett. Widerstandslos verließ er daraufhin das Zimmer. Wir haben nie darüber gesprochen.*

- *Eine Kollegin konnte wegen technischer Schwierigkeiten zu Beginn einer Konferenz nicht teilnehmen. Sie sollte digital dabei sein, während wir vier mit dem Vorgesetzten präsentisch teilnahmen. Der Spruch des Vorgesetzten in Richtung Kollegin, die noch nicht digital dabei sein konnte. „Jaja, so sind die Frauen – sie wollen immer, dass man reinkommt …" Das sagte er vollkommen entspannt.*

- *Äußerung eines Priesters über eine Kollegin … „die gehört an die Wand gedrückt und mal ordentlich …"*

- *Begrüßung eines Pfarrers: „Frau …, ich begrüße Sie, als Frau, als Geliebte, als Objekt der Begierde, als Freundin, als Arbeiterin – ja, was auch immer sie heute alles sind."*

- *Dienstvorgesetzter legt beim Autofahren absichtlich die Hand auf das Knie seiner Beifahrerin (Gemeindereferentin).*

- *Hände streicheln während der Kommunionausteilung.*

- *Pfarrer im Kurs (Fortbildung) belästigte mich sexuell, wollte mit auf mein Zimmer, betonte, dass dies normal wäre.*

- *Ein anderer Pfarrer umarmte mich völlig unangemessen und fummelte dabei an meinem BH-Verschluss herum. Dieser Geistliche wurde auch bei anderen Frauen auffällig. Er griff einer Ehrenamtlichen direkt an den Busen und erzählte ihr, wie schön sie doch sei.*

- *Ein besonders schlimmes Erlebnis hatte ich vor einigen Jahren: Ein 16-jähriger Jugendlicher aus der Jugendgruppe löschte im Jugendraum das Licht, trat von hinten an mich ran und begann, meine Schultern zu massieren. Wir waren allein im Raum, andere waren nicht gekommen, obwohl angekündigt. „Entspann Dich einfach", sagte er. Ich schaffte es nach einigen Schrecksekunden, ihm zu sagen, er solle sofort das Licht wieder anmachen und aufhören. Ein klärendes Gespräch lehnte er ab. Ich meldete es bei der Präventionsstelle in der Diözese. Darüber gesprochen habe ich sonst mit niemand. Ich hatte keine Zeugen und Angst, jemand könnte es so hindrehen, als hätte ich den Übergriff provoziert.*

Variante 7: Abwertung der Person und der fachlichen Kompetenz aufgrund der Lebensform
Der Beschluss zur Neuordnung der „Grundordnung des kirchlichen Dienstes"[8] durch die Deutsche Bischofskonferenz im November 2022 war ein wichtiger und notwendiger Schritt zum Schutz der Mitarbeiter*innen, die bisher Sanktionen des kirchlichen Arbeitgebers aufgrund ihrer Lebensform fürchten mussten. In der Umfrage kommen diesbezüglich schlimme Erfahrungen zur Sprache:
- *Ich habe mich in den Veröffentlichungen der Pfarrgemeinde öffentlich für eine Kollegin eingesetzt, die ihre Partnerin geheiratet hatte und daraufhin entlassen wurde. Ich erhielt eine schriftliche Abmahnung wegen einer öffentlichen Äußerung gegen die Lehre der katholischen Kirche zur Homosexualität.*
- *Meine Eheschließung wurde als Störfaktor im Berufsanerkennungsjahr benannt, da ich durch die Vorbereitungen zu sehr von der Arbeit abgelenkt wäre. Nach der (kirchlichen) Trauung an einem Samstag in meinem Heimatort musste ich am Sonntagmorgen im Einsatzort (ca.*

100 km entfernt) liturgische Dienste übernehmen, da ich als Hauptamtliche nicht tauschen durfte. Zwischen der standesamtlichen und kirchlichen Eheschließung lagen mehrere Wochen, *in denen ich vom Pfarrer nur mit meinem Mädchennamen angesprochen wurde.*

- *Intime Fragen über meinen Beziehungsstatus während eines Ausbildungsgespräches. Nach Angabe, dass ich Single bin, weitere Nachfragen, Abwertung der Lebensform und „Anpreisen" partnerschaftlicher Beziehungen; dann Versuch durch Dienstvorgesetzten, mich mit einem Kollegen zu verkuppeln. Fragen zur Beziehung und Privatleben sind in Fragebogen* für Bewerbungsgespräche enthalten.

- *Androhung der Nicht-Weiterbeschäftigung aufgrund einer gemeinsamen Wohnadressangabe in der Zeit zwischen standesamtlicher und kirchlicher Trauung. Wir mussten vor ein „Strafgericht", „große Schuld" eingestehen, lügen und beteuern, dass wir in diesen Wochen an unterschiedlichen Orten wohnen. Das „Urteil" wurde am Tag der kirchlichen Hochzeit gnädigerweise telefonisch mitgeteilt: Anstellung für ein Jahr auf Probe.*

Variante 8: Leitungsversagen auf Diözesanebene (Bischöfe, Personalverantwortliche)

In Teil 1 der Umfrage wurde danach gefragt, wer Machtmissbrauch ausübt. Eine nicht unerhebliche Zahl von Befragten benennt Dienstgebervertreter*innen, den Bischof und auch Ausbildungsverantwortliche. Die Berichte der Umfrageteilnehmer*innen legen den Rückschluss nahe, dass Machtmissbrauch in der Kirche seitens der Vorgesetzten oft oder zu lange geduldet wird, und dass auch Personalverantwortliche bis hin zu Generalvikaren und Bischöfen Machtmissbrauch ausüben. Hierzu Beispiele aus verschiedenen Diözesen:

- Die Dienstgebervertreterin hat Machtmissbrauch schweigend gebilligt. „Ich hätte Sie nicht schützen können!"

- Der Bischof kam zur Visitation und wurde mit der Sorge wegen des Alters der Priester und dem Blick in die Zukunft von Kirche konfrontiert. Statt empathisch auf die berechtigte Sorge einzugehen, wurden alle Anwesenden platt gebügelt mit der schroffen Aussage: „Wurde hier jemand mal nicht beerdigt? Konnte jemand nicht zum Gottesdienst gehen? Dann gibt es keinen Priestermangel!" Und das Ganze war erst 2014 und nicht 1955. Das belastet die Arbeit und das Vertrauen in die Amtskirche enorm!

- Der Bischof lud bei einem Treffen von Seelsorger*innen ausdrücklich zur freien Meinungsäußerung ein in Bezug auf die Situation in den Pfarrgemeinden und der Gläubigen. Auf mein Statement, das konstruktiv und wohlwollend formuliert war, bekam ich einen aggressiven Brief aus dem Büro des Bischofs mit der Aufforderung zu einer Stellungnahme. Das hat mir die Sprache verschlagen. Unterstützung bekam ich von meinen damaligen Vorgesetzten. Seither habe ich solche Treffen vermieden.

- Im praktischen Teil der Berufsausbildung musste ich meinen Dienstvorgesetzten zu Veranstaltungen begleiten, damit er eine „Begleitung" hatte und nicht allein zu Veranstaltungen gehen musste. Der Dienstvorgesetzte war cholerisch, und es gab auch eine Situation, in der er körperlich übergriffig wurde und mich am Handgelenk festhielt, damit ich nicht gehen konnte. Er schloss Türen ab und verweigerte mir den Zugang zu meinem Büro. Die erste Bitte um Hilfe im Ordinariat wurde von der Personalabteilung mit den Worten „Können Sie nicht noch ein, zwei Jahre durchhalten?" beantwortet. Erst nach mehrmaliger Bitte kam es zu einem Gesprächsangebot. Der Bitte um einen Stellenwechsel folgte wie-

der die Frage, ob ich nicht noch warten wolle, bis die Regelumsetzungszeit vorbei sei. Bevor es dann zum Stellenwechsel kam, musste ich zusammen mit dem Dienstvorgesetzten ins Ordinariat zum Gespräch. In diesem wurde ich von ihm abermals denunziert. Obwohl mir die Personalabteilung nach dem Gespräch versicherte, dass mein Dienstvorgesetzter übergriffig sei, war ich diejenige, die die Stelle wechseln musste. Er durfte bleiben und trug keine weiteren Konsequenzen. Vor Ort musste ich kommunizieren, dass ich aus privaten Gründen die Stelle wechselte und mich in den Gemeinden vor Ort einfach nicht wohlfühlte.

- *Ein Priester hat sich in mich verliebt und mich verbal bedrängt. Er hat mir erklärt, ich sei eine „Anfechtung". Das war schwer, weil er mir vorgesetzt und mein Anleiter für die Assistenzzeit war. Seitens der Ausbildungsleitung wurde mir nicht zugehört.*

- *Verunmöglichung meiner Arbeit: Einsperren, anbrüllen, kleinmachen. Das Team gegen mich aufbringen, Falschaussagen gegen mich im Ordinariat, Denunzieren, Bossing, Mobbing.* Ich habe mehrfach Interventionen durch Personalverantwortliche eingefordert. *Die Antwort war immer: „Das muss vor Ort geklärt werden." Wie denn, wenn der Aggressor der vorgesetzte Priester ist?*

- *An meiner ersten Stelle ging es mir während der Assistenzzeit gut und mein Dienstvorgesetzter hat mir ein richtig gutes Zeugnis ausgestellt. Ich freute mich, nun als beauftragte Gemeindereferentin dort bleiben zu können. Völlig vor den Kopf gestoßen fühlte ich mich, als mir mein Chef drei Monate später unvermittelt sagte, er habe im Ordinariat verlangt, dass ich von der Stelle entfernt werde. Meinen Schlüssel möge ich in den Briefkasten werfen und schleunigst umziehen. Ein Gespräch lehnte er ab und auch seitens der Personalverantwort-* 59 *lichen wurde nicht mit mir gesprochen. Als Begründung wurde nur benannt, ich hätte meine Kompetenzen überschritten. Ich weiß bis heute nicht, was ich falsch gemacht haben soll. Ich hatte da schon die Assoziation, die sich in meinem Berufsleben mehrfach wiederholt hat: Ein dienstvorgesetzter Priester versteht sich und agiert als Dirigent und kann Musiker*innen einsetzen und wegschicken, wie es ihm gerade passt. Motto: „Gott sprach – und es geschah!"*

Abschließend ein Zitat aus den in der Umfrage benannten Beispielen, das zeigt, dass auch Priester betroffen sein können: *Pfarrer werden in unserer Diözese bis heute ins Ordinariat bestellt, wenn sie in ihrer Predigt etwas sagen, womit der Bischof nicht einverstanden ist. So weiß ich von Pfarrern, dass sie „einbestellt" wurden, weil sie in ihrer Predigt sagten, dass sie nicht verstehen, warum sie homosexuelle Paare nicht segnen sollten, wohl aber Autos und Tiere. Diese Priester schaden der Kirche, hieß es.*

Variante 9: Spiritueller Missbrauch

Die Frage, ob sie selbst im Rahmen ihrer Berufstätigkeit spirituellen Missbrauch erlebt haben, beantworten 17 % der Umfrageteilnehmer*innen der Teilstichprobe mit „Ja". Auf die Frage, ob sie in ihrer Tätigkeit erfahren mussten, dass sie spirituell bevormundet wurden, sind es 40 %. Bei Vergleichen zwischen Altersgruppen und Geschlechtern zeigt sich kein großer Unterschied. Nur bei den Personen, die vor 1954 geboren wurden, sind die Werte bei beiden Fragen deutlich erhöht. Gefragt wurde auch danach, ob bei Kolleg*innen spirituelle Übergriffigkeit gegenüber der Person oder spirituelle Bevormundung in Bezug auf ihre Tätigkeit beobachtet wurde. Hier liegt eine Prozentzahl

60 höher – beobachtet haben die Befragten solche Vorkomm-

nisse bei 25 % bzw. 40 % ihrer Kolleg*innen. In besonderer Weise sind zu diesen Fragen wie auch zu den Fragen nach Beobachtungen und Sorgen bezüglich spirituellen Missbrauchs in der pastoralen Arbeit überhaupt, die Antworten auf die offenen Fragen auch im Hinblick auf die zukünftige Auseinandersetzung mit diesem Thema interessant. Zu „Mobbing" gibt es eine allgemein anerkannte Definition, arbeitsrechtliche Regelungen sind festgelegt und ein Verstoß dagegen kann klar als solcher bezeichnet werden. Zum Thema „Spiritueller Missbrauch" wurde zwar im März 2023 eine Arbeitshilfe[9] der DBK beraten und beschlossen, gleichzeitig ist die Auseinandersetzung mit dem Thema jedoch voll im Gange. Da bereits im Titel der DBK-Arbeitshilfe zu erkennen ist, dass darin längst nicht alle Aspekte spirituellen Missbrauchs im Bereich der katholischen Kirche erfasst sind, können die hier veröffentlichten Erfahrungen und Einschätzungen von GR und PR ein Beitrag zu einer umfassenderen Sichtweise sein.

Beispiele dafür, was Kolleg*innen im Rahmen ihrer beruflichen Tätigkeit als spirituelle Übergriffe auf ihre Person erleben:

- *Es wird von mir erwartet, dass ich jeden Tag an allen Gebetszeiten, Gottesdiensten usw. teilnehme. Ich darf nicht frei entscheiden, ob ich einfach mal nicht dabei sein will.*
- *Meine Spiritualität war nicht ausreichend – fehlende Marienfrömmigkeit (Fatima, Medjugorje). Ich sollte da „nachbessern" durch Literatur, die der Pfarrer ausgewählt hatte.*
- *Im Team-Krisengespräch mit einem Weihbischof listen meine Kollegin und ich detailliert die katastrophalen Zustände aufgrund eines kranken Leitungssystems im Seelsorgebereich auf. Wir weisen im Beisein unseres leitenden Pfarrers darauf hin, dass dieser aktiv in Firmbeichten die Jugendlichen nach deren Sexualleben be-*

fragt und es deswegen Beschwerden gegeben hat. Reaktion des Weihbischofs: Er lehnte sich zu mir rüber und sagte: „Fr. N. N., Sie brauchen einen Alphakurs. Sie haben ein Glaubensproblem!"

- *„Wer nicht beichtet, ist sowieso kein guter Katholik." Pfarrer zur GR im Dienstgespräch.*
- *Bei einem Pfarrer erlebte ich esoterische Praktiken, wie das Pendeln. Z. B. hat er ausgependelt, wie viele Kinder ich bekommen würde. Einer alten Dame hat er ihr Todesdatum ausgependelt!!! Ich musste dazu bei der Diözese Stellung beziehen. Man hat mir nicht geglaubt.*

Ergänzend noch ein Zitat, das sehr nach Verquickung von spiritueller und sexueller Übergriffigkeit klingt:

- *Ein geistlicher Begleiter hat sich bei mir einmal versprochen. Viele Frauen hat er in der Ausbildung begleitet. Als ich einmal bei ihm war, wollte er, dass ich mich „wie sonst" vor ihn knie und meinen Kopf in seinen Schoß lege … Das hat mich sehr irritiert, danach bin ich nicht mehr zu ihm gegangen.*

Was Beispiele für spirituelle Bevormundung in der pastoralen Arbeit anbelangt, werden viele Erfahrungen dazu benannt, dass Priester das seelsorgerliche oder liturgische Tun pastoraler Mitarbeiter*innen ohne Weihe offen als minderwertig darstellen. Frauen sind dabei noch stärker betroffen als Männer ohne Weihe. Hier zwei Beispiele:

- *Ich (w) wurde vom Pfarrer beauftragt, im Schulgottesdienst zu Aschermittwoch das Aschenkreuz mit auszuteilen. Dies wurde dann von dem Pastor, der den Schulgottesdienst zelebrierte, wieder „verboten" (bin ja nicht geweiht) und er hatte einen Diakon aus einer anderen Gemeinde mitgebracht, der „meine" Aufgabe dann übernommen hat.*

- *Wenn der Pfarrer an der Erstkommunion- und Firmvorbereitung kein Interesse zeigt, aber ohne Rücksprache mit der Verantwortlichen die Beichte erzwingt (bei Kindern!!!).*

Antworten auf weitere Fragen zu „Spirituellem Missbrauch" in der Seelsorge

Mit zwei ergänzenden Fragen zum Thema „spiritueller Missbrauch" eröffnete die Umfrage die Möglichkeit, Wahrnehmungen aus dem Berufsalltag zu benennen, die unabhängig von persönlichen Erfahrungen Gefahrenbereiche für spirituellen Missbrauch markieren und grenzverletzende Verhaltensweisen beschreiben. Zu jeder Frage konnte ein Text mit je bis zu 500 Zeichen geschrieben werden. Die Summe der Antworten auf beide Fragen beträgt 927 (524 + 403). Diese große Resonanz lässt darauf schließen, dass spiritueller Missbrauch kein Randthema ist, sondern eine Variante von Machtmissbrauch mit großem Gefahrenpotential. In den vorliegenden Antworten wird mit großer Übereinstimmung festgestellt, dass spiritueller Missbrauch in allen Bereichen der Pastoral vorkommen könne. Besonders häufig werden dabei die Bereiche bzw. Stichworte Beichte (157 x), Predigt (74 x), Einzelgespräche / geistliche Begleitung (insgesamt 34 x) und Sakramentenkatechese (22 x) kritisch benannt. Als besonders gefährdet werden Menschen in Abhängigkeitsverhältnissen und Krisensituationen, Kinder und Jugendliche sowie Senioren angesehen. Ursachen werden vor allem in einem falsch verstandenen und überhöhten Priesterbild erkannt, propagiert durch Priester selbst und unterstützt durch Priesterverehrung. Darüber hinaus werden als Ursachen hierarchische Strukturen benannt, unfähige Führungskräfte, fehlende Supervision und Kontrolle, Zunahme evangelikal-katholischer Strömungen sowie Seelsorger*innen mit massiven Persönlichkeitsproblemen. Als besonders gefährlich wird eingestuft, dass es vor allem Priester, aber auch andere Seelsorger*innen (auch Ehrenamtliche) gebe, mit einem „verqueren" Gottesbild, denen es nicht um Begleitung, sondern um Bekehrung gehe. Sie setzen ihr eigenes Gottesbild absolut, vermitteln Angst machende Gottesbilder, machen Suchende von sich abhängig, lösen Schuldgefühle aus, schaffen sich selbst einen Fanclub bzw. binden Menschen in eine strenge, geistliche Gemeinschaft ein. In den Antworten der Kolleg*innen wird von Priestern berichtet, die sich selbst als guruhafte Propheten darstellen und überzeugt sind, dass Gott selbst durch sie spricht.

Frage 1:
In der pastoralen Arbeit gibt es viele Bereiche, in denen Glaubensvermittlung und Lebensbegleitung im Kontakt mit unterschiedlichen Menschen aller Altersgruppen geschieht. Wo sehen Sie in der Seelsorge Gefahrenbereiche von geistlichem Missbrauch?

- *Immer dann, wenn durch Glaubenswahrheiten und Dogmen Angst und Druck ausgeübt wird und der Glaube nicht mehr einladend und freiwillig ist. Der Absolutheitsanspruch der katholischen Kirche birgt an sich schon eine Gefahr.*
- *Geistlicher Missbrauch kann meiner Erfahrung nach mit Machtmissbrauch in direkter Verbindung stehen. Wird erst einmal die Macht, die z. B. ein Pfarrer qua Amt hat, dahingehend genutzt, andere zu denunzieren, zu kontrollieren und zu manipulieren, ist es nur noch ein kleiner Schritt, bis auch spirituelle Manipulationen hinzukommen.*
- *Gefahrenbereiche sehe ich insbesondere in der Jugendarbeit durch Menschen, die ihre Glaubenswahrheit jungen Menschen aufdrängen. Es gelingt ihnen durch persönliche Ansprache, durch ihre Ausstrahlung und in der Ästhetik von Veranstaltungen, die Ausdrucksformen*

64

haben, die wirklich gut sind. Die Grenzen von Zeugnis und Einladung hin zu Gruppenzwang und emotionaler Verpflichtung sind aus meiner Sicht fließend.

- *In zu engen geistlichen Gemeinschaften, in denen die mit einer anderen Meinung ausgeschlossen werden.*

- *Derzeit erlebe ich, wie eine ehemalige Jugendleiterin in die Fänge einer katholischen Gemeinschaft abgeglitten ist. Dort geschieht eindeutig Gehirnwäsche und geistlicher Missbrauch. Seelsorger, die diese Gruppen unterstützen, machen sich mitschuldig.*

- *Ich sehe vor allem Gefahren, wenn ein gewisses Abhängigkeitsverhältnis besteht, z. B. bei der Kommunionvorbereitung. Die Kinder möchten gern zur Erstkommunion gehen und können die Aussagen der Vorbereiter*innen nicht gut hinterfragen. Außerdem sind ihnen viele Rituale nicht mehr bekannt und werden auch nicht erklärt, sodass sie vieles mitmachen, ohne sich zu wehren.*

- *Distanzlos und übergriffig ist auch Krankensalbung oder Hauskommunion, wenn es kein persönliches Wort gibt und eine „Liturgie" einfach so abgespult wird.*

- *Im Seniorenbereich (kommt sicherlich auch in der allgemeinen Seelsorge vor) beobachte ich immer wieder, dass Seelsorger (manchmal auch Seelsorgerinnen) immer schon alles genau wissen, belehrend und ermahnend, manchmal auch (ver)urteilend reden und dozieren. Die betroffenen Menschen, ihre Lebenserfahrung und ihre eigentlichen Befindlichkeiten und Bedürfnisse („Freude und Hoffnung, Trauer und Angst") kommen nicht vor. Das ist menschenverachtend und verletzend.*

- *Bei Seelsorgenden, die der charismatischen Spiritualität nahestehen: Sie nehmen oft für sich in Anspruch, im Namen Gottes zu sprechen. Unsichere und ängstliche Persönlichkeiten neigen dazu, sich von diesen „Begnadeten" beeinflussen zu lassen.*

- *Die Gefahren sehe ich weniger in einem konkreten Bereich, sondern in einem unreflektierten Einsatz von „kranken" Tätergruppen, vor allem von allein/isoliert lebenden Priestern als auch aus konservativen geistlichen Gemeinschaften.*
- *In der Jugendgruppe versammeln sich mal mehr oder weniger Jugendliche rund um den Pfarrer. Manche von diesen Jugendlichen bekommen ein „besonders spirituelles Programm" geboten, v. a. Jungs. Das Angebot wird aber nicht öffentlich ausgeschrieben, sondern es wird auf intransparenten Wegen bekannt gemacht. Formalitäten zur Prävention werden „vergessen". In der Jugendgruppe wird an den Äußerungen der zumeist männlichen Teilnehmer deutlich, dass es nur eine Form von Frömmigkeit geben darf.*
- *Eine große Gefahr besteht in Dienstverhältnissen, in denen Täter keine Sanktionen zu erwarten haben und Untergebene damit rechnen müssen, die Dienststelle zu wechseln, sobald sie die Missstände melden.*

Frage 2:
Welche Äußerungen, Forderungen, Methoden … von Seelsorger*innen stufen Sie unter dem Aspekt „spiritueller Missbrauch" als distanzlos, übergriffig und grenzverletzend ein? Bitte nennen Sie Beispiele.
- *Pflicht zum Beichtgespräch und Pflicht zur Messteilnahme mit der Begründung „es ist Gottes Wille".*
- *Beichtzwang, Gottesdienstzwang, Überhöhung der Eucharistie, Ablehnung der Segnung homosexueller Partnerschaften, Aussagen wie: „Das ist nicht mehr katholisch", „Sie leben in Sünde".*
- *„Gott liebt dich, aber eben so, wie er dich geschaffen hat, also als Mann oder Frau mit den jeweiligen Rollen … Nur Getaufte werden das Heil erfahren … Ein*

Gottesdienst, in dem Fehler passieren, ist Gottes nicht würdig."

- *„Du glaubst falsch. Du genügst Gott nicht."*
- *„Ohne Beichte keine Firmung / keine Erstkommunion." Einzelbeichte für Kinder als Verpflichtung vor dem Empfang der Erstkommunion! Beichte als Verpflichtung vor der Firmung. Eltern gegenüber so zu sprechen, als ob sie in der Familie ja sicherlich Tischgebete, Abendgebete, Segensrituale durchführen würden.*
- *„Wenn Sie diese oder jene Entscheidung treffen, dann handeln Sie gegen Gottes Willen ..." Extrem auf genaues Erzählen intimster Situationen insistieren. Durch Formulierungen in Einzelgesprächen und Gebeten Menschen zu manipulieren, sie zu bestimmten Handlungen und Entscheidungen zu bewegen.*
- *„Ich als Priester weiß das, Gott will das so." „Das ist Sünde." Jegliche Äußerungen, die Menschen kleinmachen, beschämen, Angst machen, erniedrigen, verletzen, wehtun.*
- *Das Drohen mit Höllenstrafen.*
- *Viele Gebete, Orationen, Predigten, die die Menschen als erlösungsbedürftige Sünder deklarieren, sind im Grunde schon all(sonn-)täglicher übergriffiger Machtmissbrauch. Das erzeugt im Unterbewusstsein vieler Menschen eine „unerlöste" Grundhaltung, die es „Geistlichen Tätern" möglich macht, ihren Missbrauch vorzunehmen.*
- *„Ich sage Ihnen das jetzt im Namen Gottes."*
- *„Maria weint um Sie."*
- *„Frauen haben im Altarraum nichts zu suchen." „Nur der Priester ist ein Seelsorger im eigentlichen Sinne." „Nur wer den Priester sieht, sieht Christus."*
- *Priester, die aus sehr konservativen (vorkonziliaren) oder aus den charismatischen evangelikalen Kreisen stam-*

men, haben oft eine sehr enge, sogar sektiererische Sicht-
weise, die andere Arten des Glaubens und der Spirituali-
tät nicht zulässt.

Die bisher in Kapitel 2 zitierten Antworten gewähren einen tiefen Einblick in Erfahrungen von hauptberuflichen Mitarbeiter*innen in der Pastoral. Das Fragespektrum der Umfrage bleibt jedoch nicht bei der Dokumentation von Missbrauchsvarianten stehen, sondern lenkt den Blick auch auf die Zukunft. Kapitel 2.4 zeigt auf, was GR und PR für erforderlich halten, um Machtmissbrauch zu verringern.

2.4 Vorschläge zur Prävention von Machtmissbrauch

Zur Frage „Was halten Sie für notwendig, um Machtmissbrauch in unserer Kirche zu verringern?" haben sich in Form einer offenen Antwort 570 Personen geäußert. Im Rahmen einer Stichwortsuche findet man z. B. 198 x Leitung, 195 x Macht, 81 x Frauen, 81 x Missbrauch, 44 x (Abbau von) Hierarchie, 41 x Transparenz, 26 x Kontrolle und 21 x Demokratie. Schaut man sich die Aussagen näher an, zeigt sich, dass viele Anliegen Themen benennen, die auch im Synodalen Weg behandelt werden: Gewaltenteilung, Machtkontrolle, Geschlechtergerechtigkeit und zeitgemäße Sexualmoral. Betrachtet man die große Anzahl der Aussagen zum Thema Frauen, dann liegt die Forderung nach „mehr Frauen in Verantwortung und Leitung" vorn (explizit 34 x benannt), gefolgt von der Forderung der Zulassung von Frauen zu allen Ämtern (26 x). Ergänzend dazu wird mehrfach angemerkt, dass gleichzeitig die Ämterstruktur in der Kirche geändert werden muss und dass es eine Trennung zwischen Weihe und Leitung braucht. Häufig angemahnt wird eine Zusammenarbeit auf Augenhöhe und Regelungen zu geschlechtergerechter Entscheidungsfindung in der Kirche. Mehrfach werden Maßnahmen zur Beendigung von Frauenfeindlichkeit in der Kirche als notwendig angeführt. Besonders eindringlich wird eine Veränderung des Amtes und der Rolle der Priester gefordert sowie mehr Professionalität und Verantwortungsübernahme durch die diözesane Leitungsebene. Eine stärkere Berücksichtigung der Arbeitnehmer*innenrechte bzw. ein kritisches Betrachten des kirchlichen Arbeitsrechts wird für notwendig erachtet und ebenso ein Hinterfragen von Theorie und Praxis der pastoralen Arbeit auf Grundlage seriöser, wissenschaftlich fundierter Theologie und anderer Wissenschaften. Als dringliche Anliegen zur Prävention von Machtmissbrauch in der Kirche lassen sich im Hinblick auf die pastorale Tätigkeit folgende vier Schwerpunkte aus den zahlreichen Antworten herauskristallisieren:

Schwerpunkt 1: Wandel im Priesterbild
Die Antworten der Umfrageteilnehmer*innen, die einen Wandel im Priesterbild fordern, benennen verschiedene Notwendigkeiten, wie z. B. Entklerikalisierung, die Infragestellung der Weihe, die Trennung von Weiheamt und Leitung sowie eine kritische Personalauswahl bei Priesteramtskandidaten:

- *Unsere Kirche wird nur von Priestern geleitet. Sie werden von der Ausbildung an hofiert und rundum versorgt. Ihnen wird vermittelt: Sie sind etwas Besonderes. Jeder wird genommen. Die angehenden Priester sollten auf Herz und Nieren geprüft werden, ob sie für diese Aufgabe gereifte Persönlichkeiten sind.*

- *Viel härtere Auswahl der Priesteramtskandidaten, da immer noch – und ja eher verstärkt – sehr seltsame Männer Priester werden wollen (okay, dann gibt es wahrscheinlich keine mehr, ist dann auch kein Schaden).*

- Aussagen wie „Nach meiner Weihe rede ich nie mehr mit Frauen" oder „Frauen als Ministranten am Altar wird es in meiner Pfarrei nicht mehr geben" oder allein die Haltung, dass man meint, als Priester ein Super-Mensch zu sein und alle müssen Respekt vor dem „Herrn Pfarrer" haben, zeugen für eine miserable Arbeit in den Priesterseminaren!
- Priester müssen (!!!!) endlich klar haben, dass ohne uns nichts läuft und wir keine Sekretärinnen oder Kinderbespaßer sind.
- Ich denke, zum einen muss die Bündelung der Macht auf eine Person, egal ob Priester oder Laie, unterbunden werden. Zum anderen müssen auch die Gläubigen ihr Denken ändern, weg vom Klerikalismus, der einem auch viel Verantwortung und Entscheidungsgewalt abnimmt.
- Offizielle Einführung von Sakramentenspendung durch alle Seelsorger/innen.
- Das Weiheamt müsste abgeschafft werden; Beauftragungen, gerne auch mit Segnung und Handauflegung, sollten zeitlich befristet sein, dabei könnten auch die Gemeinden eine Art Mitbestimmung bei der Stellenbesetzung bekommen. Generell braucht es eine komplette Umstrukturierung, beginnend bei der Pfarrei vor Ort, weitergehend im Ordinariat/Bischof, endend bei der römischen Kurie. Da die Abschaffung des Weiheamtes wohl ein Traum bleibt, muss selbstverständlich werden, dass Frauen und Männer, die nicht geweiht sind, Pfarreien leiten, gerne auch Bistümer oder die Weltkirche.

Schwerpunkt 2: Professionelle Bistumsleitung
Professionelle Bistumsleitung zeigt sich für die Umfrageteilnehmer*innen daran, dass Machtmissbrauch dienstrechtliche Konsequenzen hat, dass eine Gleichbehandlung von

Klerikern und Lai*innen garantiert ist, dass Leitungsverantwortung wahrgenommen wird u. v. m. Hierzu Beispiele aus den vorliegenden Antworten:

- *Verbindliche Standards im Leitungsstil einführen. Umfragen und Bewertungsbögen für die Gemeinden hinsichtlich von Machtmissbrauch einführen. Es braucht verpflichtende Schulungen und Disziplinarmaßnahmen (Abstufung des Dienstgrades; Leitungsbefugnisse; strafrechtliche Maßnahmen bei Bossing).*
- *Aus- und Fortbildung zu Elementen, wie Nähe / Distanz / Respekt / Achtsamkeit / Grenzverletzungen.*
- *Dieses Männergeklüngel muss endlich aufhören und die Vorgehensweise, dass Priester grundsätzlich anders behandelt werden als alle anderen Mitarbeiter*innen. Es bräuchte mehr tatsächliche Personalführung, die dann auch mal zu dem Ergebnis kommt, dass nicht alle Mitarbeiter und Priester für ihre Tätigkeit qualifiziert sind. Dazu braucht es auch mehr Frauen in der oberen Hierarchie.*
- *Tatsächliche Sanktionierung bei missbräuchlichem Verhalten durch Vorgesetzten, v. a. Pfarrer, z. B. nicht einfach eine Versetzung des/der untergebenen Mitarbeiter/in.*
- *Wenn ein Pfarrer dafür bekannt ist, Mitarbeiter zu „verheizen", sollte er keine mehr bekommen bzw. keine Leitungsstelle mehr innehaben.*
- *Ganz strenge Kriterien an die menschliche Eignung derer, die „Leitung" übernehmen.*
- *Es gibt meiner Ansicht nach zu wenig Kontrolle und wirkliche Hilfe, wenn z. B. ein Priester korrigiert werden müsste. Kein Priester will dem anderen „wehtun" bzw. ihn korrigieren. Der Dekan steht dem Priester näher wie mir als GR.*
- *Mehr Respekt der Geweihten vor den Ungeweihten, mehr Respekt der Bischöfe vor ihren Mitarbeiter/innen (egal ob geweiht oder ungeweiht).*

- *Eine der Sache dienliche Personalauswahl. Meine Beobachtung: Es werden viele ungeeignete Personen eingestellt (gerade auch Priesteramtskandidaten), die für das Berufsprofil ungeeignet sind, auf vielen verschiedenen Ebenen: mangelnde Sozialkompetenz / fehlende Anerkennung der eigenen sexuellen Orientierung / von vornherein nicht auf Dienen, sondern auf Leiten aus / Menschen mit verklärten Weltbildern / spirituell unreif etc. – nur, damit man Personalmangel vorbeugt.*
- *Vielleicht kann ein verbindliches Monitoring von unten, also von MA an Leitung, hilfreich sein, zusätzlich zu Supervision und Austausch in der eigenen Berufsgruppe.*
- *Stärkere Begleitung von Teams, verpflichtende Supervision z. B. bei Pfarrerwechsel. Stärkere Instrumente, um Dienstvergehen zu ahnden, nicht erst, wenn alles eskaliert. Entweder mehr Kompetenz auf der Dekanatsebene oder direktes Eingreifen der Personalverantwortlichen.*
- *Die katholische Kirche ist seit Jahrhunderten darauf angelegt, ein maximal hohes Maß an Eigenkontrolle zu bewahren. Das wird begünstigt durch ihre autoritäre Führungsstruktur, die immer noch an vielen Stellen Verschwiegenheit und Vertuschung befördert. Es braucht dringend aus der präventiven Perspektive demokratischere, transparentere Führungsstrukturen, zudem Führungspersonen, welche Verantwortung für die Qualitätssicherung und das Risikomanagement in den Pfarrgemeinden übernehmen.*
- *Genaue Prüfung der Priester, die leitender Pfarrer werden sollen. Nicht einfach nur jemanden auf eine Stelle setzen, der davon keine Ahnung hat und durch seine eigene Unsicherheit seine Macht missbraucht, weil „er ja der Pfarrer sei".*
- *Stärkere Bewusstmachung, dass Missbrauch nicht nur sexuellen Missbrauch an Kindern meint, sondern auch*

den an Erwachsenen (alle Geschlechter), spirituellen Missbrauch, Mobbing, Diskriminierung.
- Priesterweihe ebenso schlicht feiern wie Aussendungen der pastoralen Mitarbeiter.
- Die Diözesanleitung muss sich besser einbringen, bei konkreten Hinweisen gleich reagieren. Sie darf die eigenen Leute nicht alleine lassen.

Schwerpunkt 3: Arbeitnehmer*innenrechte beachten und stärken
Dazu, dass es ein eigenes kirchliches Arbeitsrecht gibt, gibt es einige kritische Anmerkungen. Benannt werden darüber hinaus verschiedene Bereiche, zu denen Verbesserungsmöglichkeiten vorgeschlagen werden, wie z. B. zur Art und Weise der Stellenausschreibung oder zur Notwendigkeit der Stärkung der Rechte der Mitarbeitervertretung:
- *Flachere Hierarchie, Verwaltungsgerichtsbarkeit, Abschaffung des dritten Weges im Arbeitsrecht, drastische Veränderung bzw. Einschränkung des kirchlichen Sonderweges beim Arbeitsrecht, transparentere und verbindlichere Standards in fast allen Arbeitsbereichen.*
- *Aufklärung über Kompetenzen der MAV in diesem Bereich (falls MAV keine Kompetenzen hat, diese ggf. schaffen).*
- *Aufklärung, Fortbildung, Beschwerdemanagement, klare Strukturen, klare Arbeitsaufträge, klare Stellenbeschreibungen, Partizipation.*
- *Ich bin der Meinung, es sollten die gleichen Standards in der Seelsorge gelten wie im therapeutischen Bereich, was das Verhältnis zwischen Klient und Therapeut, Ratsuchendem / Seelsorger/in angeht. Mit klaren Richtlinien und gesetzlichen Grundlagen bei Nichtbeachtung wäre auch Machtmissbrauch und geistlicher Missbrauch bei Erwachsenen besser greifbar!*

Schwerpunkt 4: Kritische Beobachtung von und Grenzzie-
hung gegenüber rückwärtsgewandten theologischen und
spirituellen Strömungen sowie kritisches Hinterfragen von
bestimmten Elementen in Lehre und Praxis der katho-
lischen Kirche

Aus den Antworten zu den Fragen zum spirituellen
Missbrauch war bereits ersichtlich, dass hauptberufliche
Mitarbeiter*innen in der Pastoral ihre Sorge im Hinblick
auf rückwärtsgewandte Strömungen in der Kirche benennen. Auch in den Hinweisen zu Prävention von Machtmissbrauch wird dieses Thema immer wieder benannt. Dabei
wird auch die Notwendigkeit von Änderungen in der Lehre
der katholischen Kirche gesehen:

- *„Ex opere operato" und „in persona Christi" muss*
  grundlegend überdacht werden!
- *Kein göttliches Recht mehr, weil es von Menschen ge-*
  macht ist; Aufhebung aller Regeln und Kirchenrechte,
  die Ungleichheit zementieren; Zulassung von Frauen zu
  Weiheämtern, Aufhebung vom Zölibat (außer freiwil-
  lig), komplett neue Sprache.
- *Aufhebung der besonderen Rolle von Geweihten; Psy-*
  chotherapie und Persönlichkeitsentwicklung-Schulung
  *in Priester- und Seelsorger*in-Ausbildung, ebenso paral-*
  lel zur geistlichen Begleitung im Berufsleben alle paar
  Jahre verpflichtend. Aufklärung über aktuelle Wissen-
  schaft und das Leid der Menschen, die z. B. wiederver-
  heiratet, queer, etc. sind; mehr Menschlichkeit (wie Je-
  sus) statt Regeln und Traditionen; mehr Frauen in
  Leitungspositionen und auch in Pfarreien; komplett an-
  dere Leitungsstrukturen auf allen Ebenen nötig.
- *Neudefinition von Sakramenten, z. B. Eucharistie gilt als*
  „Quelle und Höhepunkt geistlichen Lebens". Das ist
  nicht so für die meisten Menschen, es geht vorbei an der
  Lebensrealität – gilt für die Beichte ebenso.

- *Anspruchsvoll sein beim Implantieren neuer geistlicher Bewegungen und junger Ordensgemeinschaften in Diözesen – gründliche Prüfung ihrer Spiritualität und Methoden.*
- *Mehr Diskursformate (z. B. zur Sonntagspredigt) und Bildungsangebote, um Vielfalt von Spiritualität zu fördern.*
- *Letztlich die theologische und spirituelle Auseinandersetzung mit der Frage: Inwieweit rechtfertigt die sakramentale – inkl. das ontologische und ekklesiologische Weiheverständnis – und damit die hierarchische Struktur ein(e) menschenunwürdige(s) Haltung/Verhalten?*
- *Das Amt macht die Menschen kaputt, leert die Kirchen, treibt die Leute in Scharen aus der Kirche und bedarf der Abschaffung. Gott ist mit uns unterwegs, es braucht keine Sakramente mehr oder den Vollzug durch Geweihte, die ihre Macht und Spiritualität missbrauchen und die keine andere Form der Gottesbegegnung zulassen, außer der sakramentalen. Wir können auch ohne Amt katholisch sein und Christsein leben!*
- *Es ist längst überfällig, dass der CIC sowie kirchliche Ordnungen inkl. Dogmen und Traditionen der Lebenswirklichkeit der Menschen angepasst werden, und zwar so, dass sie den allgemeinen Menschenrechten nicht widersprechen. Wenn die Kirche mit ihren eigenen Gesetzen hinter der Charta zurückbleibt, macht sie sich weiterhin unglaubwürdig und toleriert und unterstützt Machtmissbrauch in jeglicher Form in ihren eigenen Reihen.*

Sowohl durch Einblicke in die Ergebnisse des statistischen Teils der Umfrage als auch durch die Nennung zahlreicher O-Töne zu Erfahrungen von GR und PR mit Machtmissbrauch wird deutlich, wie facettenreich das Spektrum möglicher Missbrauchskontexte ist. Offensichtlich ist, dass die Struktur der römisch-katholischen Kirche Elemente enthält, die Missbrauch und Machtmissbrauch begünstigen. Ein Bereich, der hoffentlich in nächster Zeit auf verschiedenen Ebenen näher betrachtet wird, ist der spirituelle Missbrauch.

Die vier näher ausgeführten Schwerpunkte zu notwendigem Handlungsbedarf im Hinblick auf die Beendigung von und die Prävention vor Machtmissbrauch bieten sich an zur Diskussion und dazu, Konsequenzen daraus zu ziehen. Ähnlich wie bei den Themen des Synodalen Wegs finden sich darin Anregungen, die problemlos in deutschen Diözesen angegangen werden können, wie auch Forderungen, die die Weltkirche insgesamt betreffen. Der Klartext der Beiträge kann Anregung sein für Austausch darüber unter Personal- und Ausbildungsverantwortlichen und dies möglichst unter Einbeziehung der MAVen und Berufsverbände.

Die Umfrage endete mit der Einladung zu einem Gespräch bzw. Interview zu persönlichen Erfahrungen mit Machtmissbrauch. In diesen Gesprächen wurde gleich zu Beginn auf die Idee hingewiesen, neben den Kurztexten auch ein paar ausführliche Erfahrungsberichte zu veröffentlichen. Was sich daraus ergeben hat, folgt im nächsten Kapitel.

Kapitel 3
Betroffene erzählen

„Dass meine Symptome Missbrauchssymptome waren, wurde mir klar, als ich bei einer Veranstaltung Doris Reisinger begegnet bin. Sie erzählte von den Strategien und Wirkungen des Missbrauchs, den sie in der Gemeinschaft ‚Das Werk' erleiden musste. Ich dachte, ich rutsch' vom Stuhl, als ich es hörte. Bei jedem Satz dachte ich: Ja, das hab ich erlebt. Nur einmal im Leben, nur eine kurze Zeit und nicht wie sie, eingeschlossen in einem Missbrauchssystem ohne Außenkontakt. Wenn es schon so schlimm für mich war, wie dann wohl erst für sie?"

Dieses Zitat stammt aus einem Interview mit einer Umfrageteilnehmerin. Zuvor hatte diese Frau Erlebnisse erzählt, die sie vor allem rückblickend als Machtmissbrauch bewertet. Die Erfahrung, die sie hier beschreibt, teilt sie mit vielen Betroffenen. Oft braucht es einen gewissen Abstand oder einen Impuls von außen, um überhaupt wahrnehmen zu können, dass es Unrecht war, was einem angetan wurde. Das Angebot zu einem solchen Interview war Teil der Umfrage. Am Ende der Befragung wurde die Möglichkeit benannt, sich über eine E-Mail-Adresse zu melden, um im Rahmen eines Interviews von persönlichen Erfahrungen zu erzählen. Diese Einladung war verbunden mit dem Hinweis, dass nur die beiden Vorsitzenden des GR-Bundesverbands Zugang zu diesem E-Mail-Account haben. Mehr als 30 Personen haben sich gemeldet. Mit 25 Kolleg*innen fand ein Gespräch per Video statt, die Dauer variierte zwischen 30 Minuten bis zu etwa zwei Stunden. Mit einigen anderen Personen kam es zu Telefonaten oder Kontakten per E-Mail bzw. Post. Die Verteilung GR/PR betrug etwa zwei Drittel/ein Drittel, außerdem waren zwei Drittel der

Gesprächsbereiten weiblich. Die Altersspanne reichte von Mitte 20 bis Mitte 60. Männer haben zum Teil eher Beobachtungen erzählt als persönliche Erlebnisse. Gegen Ende der Gespräche haben sich Interviewende und Interviewte darüber ausgetauscht, ob und ggf. welche Elemente oder Themen evtl. für eine anonymisierte Veröffentlichung geeignet sein könnten. Manche Interviewten lehnten eine Veröffentlichung ab, andere signalisierten ihre Bereitschaft dazu. Angesichts der Zahl und der zeitlichen Länge der Interviews war schnell klar, dass eine Auswahl notwendig sein würde. Kriterien dafür waren: die Bereitschaft der Interviewten, der vorgesehene Umfang dieses Kapitels, das Interesse, verschiedene Facetten des Machtmissbrauchs auch in den Einzelberichten aufzuzeigen, und die Überlegung, welche Erfahrungen für Leser*innen, die den Gesamtzusammenhang nicht kennen, besonders nachvollziehbar sein würden.

In den meisten Gesprächen kamen an irgendeiner Stelle Fragen auf, wie: „Was ist das für ein System, in dem so etwas geschehen kann? Was daran ist vielleicht sogar typisch katholisch?" oder auch: „Warum spielen wir eigentlich so lange mit?"

Konkret ging es oft darum, dass jemand erleben musste, massiv in den eigenen Kompetenzen behindert zu werden. Die Nichteinhaltung arbeitsrechtlicher Vorgaben, die fehlende Weihe oder auch die Abwertung als Frau waren wiederkehrende Themen. Es wurde von überheblichen und gleichzeitig zu Leitung und Personalführung nicht geeigneten Priestern erzählt und oft auch vom Leitungsversagen der Personalverantwortlichen. Gerade was diese Leitungsebene anbelangt, ergab sich jedoch kein einheitliches Bild. Manche Betroffenen haben erschreckende Vorgehensweisen erlebt, andere fühlten sich durchaus verstanden und unterstützt, bemerkten aber zum Teil, dass gerade auch Personalverantwortliche im klerikalen System unserer Kirche an Grenzen stoßen. Themen, die in den Gesprächen ebenfalls eine Rolle spielten, waren Abwertung aufgrund der Lebensform, Leiden unter Vorgehensweisen, die als Mobbing wahrgenommen werden, und Probleme mit katholisch-rückwärtsgewandter Spiritualität sowie dem Priesterdünkel mancher Vorgesetzter. Eine Kollegin sagte im Interview:

„Ich habe den Eindruck, das System katholische Kirche zieht psychisch geschädigte Menschen an. Vor allem, wenn es um Priester geht. Da sie weit oben in der Hierarchie verankert sind, ist es besonders schwer, bei Fehlverhalten korrigierend einzugreifen. Ich erlebe, dass ihnen – egal, wie sie sich verhalten – niemand Einhalt gebietet. Viele von ihnen bräuchten meiner Meinung nach erst mal eine Therapie, um mit sich selbst zurechtzukommen und dann vielleicht Seelsorger sein zu können."

In den Interviews war es auch möglich, zum Bereich „spiritueller Missbrauch" intensiver ins Gespräch zu kommen. Es kam mehrfach die Frage auf: „Warum lassen wir das alles mit uns machen?" Mehrere Frauen erzählten dabei von Erfahrungen in Kindheit und Jugend, wo sie lernen mussten, dass der Mann mehr zu sagen habe als die Frau. Verstärkt worden sei das durch die Zugehörigkeit zur katholischen Kirchengemeinde. Längst nicht alle Kolleg*innen kommen aus einer freien, kritisch-katholischen Jugendarbeit.

Ein Kollege, der es erst im mittleren Erwachsenenalter im Zusammenhang mit der Aktion #OutInChurch gewagt hat, offen zu seinem Partner zu stehen, erzählte, dass es u. a. aufgrund seiner religiösen Sozialisation lange gedauert habe, bis er bereit war zu einem selbstbestimmten Glauben und einer selbstbestimmten Lebensform. Er erzählte von einem streng katholischen Elternhaus und einem ebensolchen

Pfarrer. Die Eucharistiefeier am Sonntag zu versäumen galt als schwere Sünde, das Thema Sexualität oder gar Homosexualität existierte nicht. Die eigene Mutter schämte sich, als sie mit über 40 noch einmal schwanger wurde. Durch die Eltern wurde er in seiner Jugendzeit in traditionalistische Gruppierungen hineingezogen. Diese versuchten ihn im Sinne dieser angstbesetzten Theologie zu beeinflussen. Vor allem durch den Kontakt mit der Jugendarbeit eines der Verbände des BDKJ entdeckte er, dass Glaube auch ganz anders gelebt werden kann. Der Weg in einen freien Glauben war trotzdem noch weit. Er wollte Gemeindereferent werden und wurde vom Ortspfarrer bedrängt, der für ihn nur den Priesterberuf als Möglichkeit sah. Eine Ordensschwester, der er sich anvertrauen wollte, verurteilte ihn schon allein angesichts seines Ansinnens, über Homosexualität zu sprechen. An wissenschaftlichen Umgang mit theologischen Fragen im Studium musste er sich erst gewöhnen und bezüglich seiner persönlichen Lebensform war er mehr als 20 Jahre lang auf der Suche. Er wollte nie allein leben, spürte aber klar, dass ein Leben im Kloster nicht zu ihm passte. Manchmal lernte er einen jungen Mann kennen und dachte: „Wenn der jetzt eine Schwester hätte, das wäre vielleicht was."

Dieses Beispiel zeigt, dass spiritueller Missbrauch nicht nur eine religiöse Komponente hat, sondern Lebendigkeit und Selbstwerdung verhindern kann. Das Thema lässt sich nicht auf berufliche Erfahrungen reduzieren, sondern betrifft eine Person in ihrer ganzen Lebensgeschichte.

Auch der Bereich sexueller Übergriffe kam mehrmals zur Sprache. Manche Kolleg*innen erzählten, was sie selbst erleiden mussten, andere davon, wie belastend es ist, wenn man Missbrauch ahnt oder gar davon weiß und von Verantwortlichen nicht ernst genommen wird. Bei den meisten Interviews kamen nicht nur die schlimmen Erlebnisse zur

Sprache, sondern auch die Folgen. Viele erzählten von zum Teil schweren psychischen oder auch körperlichen Leiden. Supervision, Psychotherapie und Auszeiten waren Rettungsanker, um das Erlittene zu verarbeiten und einen Neuanfang zu wagen. Manche sind bis heute sehr belastet bis hin zur Arbeitsunfähigkeit.

Es folgen nun acht Berichte von Betroffenen, ergänzt durch erste Reflexionen der Herausgeber*innen und ergänzende Aussagen aus anderen Interviews. In den Berichten kommt ein Großteil der in Kapitel 2 genannten Facetten des Machtmissbrauchs zur Sprache. Der achte Bericht zeigt auf, was in extremen Krisensituationen geschehen kann, wenn keine professionelle Personalführung eingeübt ist. Einige der Berichte wurden von den Autor*innen zunächst selbst verfasst (1, 7 und 8) und in einem redaktionellen Austausch zwischen den Interviewpartnern in die vorliegende Endfassung gebracht. Andere Texte (2–6) entstanden auf der Grundlage von im Interview erzählten und in Gesprächsprotokollen festgehaltenen Erfahrungen im Einvernehmen zwischen den jeweiligen Interviewpartnern und sind von den Erzählenden als ihre Texte autorisiert.[1]

Bericht 1: Guten Tag, ich bin Frau „NUR"

„Frau S., die Leute sagen: ,Sie sind geltungsbedürftig. Das fällt den Menschen auf!" Klar bin ich „geltungsbedürftig", weil ich für das, was ich getan und gut vorbereitet und noch besser durchgeführt habe, was ich tue und was ich gestalte, auch die Anerkennung will und diese nicht an den Pfarrer abtreten möchte! Das Lob gehört mir! Ich möchte, dass meine Qualitäten gesehen und geachtet werden!

„Sie sind geltungsbedürftig." Diesen und viele andere Sätze habe ich mir nunmehr 35 Jahre in meinem Dienst als Gemeindereferentin anhören müssen. Dieses „Nur"-Sein ist für mich schwer zu ertragen. Ich bin „nur" Frau, „nur" Gemeindereferentin, „nur" Laie in der Kirche. Gefühlt eher geduldet als anerkannt, und immer im Verdacht, dem Priester was wegnehmen zu wollen. Als ob es was Verwerfliches sei, wenn ich gerne Anerkennung möchte für meine Arbeit. „Der Priester ist ein archaisches Bild, da kommt man so schnell nicht gegen an", sagte ein mir nahestehender Priester. Das stimmt, in allen Religionen gibt es Priester oder Mittler. Allerdings habe ich den Verdacht oder unterstelle, dass gerade in der katholischen Kirche dieses Priestersein immer mehr zu einer Machtfrage wurde und zur Ausübung von Macht benutzt wird. Dagegen bin ich ohnmächtig, und das macht mir was aus. Ich will nicht „Nur" sein, weder bloß geduldet noch Lückenbüßerin für die Dinge, die man in den zunehmend größeren Pfarreien als Priester nicht mehr schafft. Ich will nicht zweite Wahl sein. Ich will auch nicht „nur" einen Wortgottesdienst als halbe oder unvollständige Messe feiern, als Vertretung oder Notlösung, weil kein Pfarrer da ist. Dabei ist mein Beruf immer eine Notlösung gewesen. Die Frauen, die früher als Seelsorgshelferinnen dem Priester zuarbeiteten und die so viel bewirkten in der Gemeinde und in der kirchlichen Struktur.

Ich bin „nur" Gemeindereferentin. Trotzdem bin ich es gerne. Ich kenne keinen Beruf, in dem man so viel gestalten kann wie in meinem Beruf – trotz allem. Ich kann und will meine Talente einsetzen für den Aufbau des Reiches Gottes.

Geltungsbedürfnis, ja, das habe ich. Früher habe ich mich dafür geschämt. Es wurde als Sünde deklariert. Ich habe es als Sünde gesehen. Und sicher wurde es auch von mir gebeichtet, aber das weiß ich nicht mehr. Aber wenn ich über ein halbes Jahr Kinder auf die Kommunion, Jugendliche auf die Firmung vorbereite und dann in den Dankanzeigen lese, dass dem Pfarrer gedankt wird für die schöne Feier, die ich vorbereitet habe, mit viel Herzblut, und in die ich viel Zeit investiert habe, dann verstehe ich die Welt nicht mehr.

Wie bin ich überhaupt zu diesem Beruf gekommen? Ich wurde in eine normal katholische Familie hineingeboren: Man ging zum Gottesdienst, bei Tisch beteten wir, auch vor dem Schlafengehen. Der Priester, der 30 Jahre in unserer Gemeinde wirkte und sie prägte, hat mich nachhaltig beeindruckt. Schon als Kind fragte ich mich: „Warum braucht man Gott?" Diese Frage wurde mir zu einer Art Lebensfrage in je unterschiedlicher Variante. Irgendwie wollte ich dem Geheimnis meines Lebens auf die Spur kommen. Was ich liebte, war Fronleichnam. Die Liebe zu diesem Fest hat sich mein ganzes Leben erhalten. Fronleichnam, das ist so richtig katholisch schön! Ich legte eine wahrhaft katholische Karriere hin: Kindergruppe, Jugendsprecherin, im Pfarrgemeinderat, offener Jugendtreff. Kirche war mir wichtig. Mit 15 Jahren machte ich den Realschulabschluss und erlernte mangels geeigneter Berufsziele den Beruf der Erzieherin. In dieser Zeit bekamen wir eine junge Ordensschwester, die in meiner Heimat als Gemeindereferentin eingesetzt wurde. Das war ein Novum! Was sie machte, gefiel mir und ich dachte: Die macht jetzt 83

*hauptberuflich, was ich ehrenamtlich gemacht habe. Das
wäre doch auch was für dich! Also sammelte ich Infos
und merkte ziemlich sofort: Das ist das, was du willst!!
Ich bekam auf meine Bewerbung hin die Zusage für das
Studium. Schon in den ersten Tagen des ersten Semesters
dachte und spürte ich tief: Hier bist du richtig. Das ist genau das, was du brauchst und willst. Hier hast du gefunden, was du gesucht hast. Ich war wie ein Schwamm, der
aufsog und aufsog und aufsog. Immer mehr, immer tiefer,
ich krallte mich ein in die Materie der Theologie, des Glaubens, der Spiritualität, der Kirche und der Tradition. Nichts
war genug. Es galt aus der angebotenen Fülle zu schöpfen!
Vom Land kommend, war ich damals so richtig römisch-
katholisch! Irgendwie trug ich mit Blick auf die Kirche
eine rosarote Brille.*

*Dann kam meine erste feste Anstellung mit einem Pfar-
rer, der dem Opus Dei nahestand. Die Botschaften, die ich
von ihm hörte, sitzen bis heute fest und haben mich getroffen: „Kain hab ich geliebt, Esau gehasst", das wird zweimal in der Bibel (u. a. Röm 9,13) zitiert und bedeutet,
dass Gott auch Menschen hassen kann und nicht nur der
liebe Gott ist. Und wer damit gemeint war, das war mir sofort klar! „Der Priester führt die Braut Kirche zum Herrn,
weshalb nur Männer Priester werden können", eine Theologie, die ich bis heute nicht verstehe. Er wusste genau, wer
und was katholisch ist und wer oder was nicht: „Wer keine
Kniebeuge in der Kirche macht, ist nicht katholisch". Ich
habe mich von ihm einlullen lassen, wollte ja ein braves
Mädchen sein und irgendwie glaubte ich das alles auch.
Gleichzeitig kam mir manches komisch vor, aber wenn's
der Pfarrer sagt! Wenn es um Aufgaben in der Liturgie
oder sonstige öffentliche Handlungen ging, die ich gerne
übernehmen wollte, dann bekam ich die Geschichte aus*
84 *dem Buch Numeri (Num 16) erzählt, wo Korach zu Mose*

bei einem Aufstand sagt: „Wir sind das Volk, wie könnt ihr euch über uns erheben?“ Die Folge war ein Gottesurteil und Korach wurde in die tiefste Unterwelt verschlungen, weil er sich nehmen wollte, was ihm nicht zustand. Ich, eine Korachiterin, bestimmt für die Hölle! Wenn das kein Totschlagargument ist? Noch dazu aus der Bibel! Wenn ich beim Frauenkreis zum Schluss ein Gebet sprach, weil ich den Abend leitete, dann musste er zum Schluss noch den Segen über die Frauen mit einem Kreuzzeichen besiegeln. Ungefragt! Ich bin halt nur eine „Nur“. Vieles fand ich irritierend, aber ich hab mich nicht gewehrt. Schließlich waren die Frauen auch so drauf. Einen Bibelkreis habe ich gegründet, aber als der Pfarrer das erste Mal dabei war, konnte ich meine Mitwirkung vergessen: Alle bekamen „Pfarreraugen“. Ich blieb dann weg. In den Familiengottesdiensten durfte ich anfangs noch eine Katechese halten, aber bald nicht mehr, denn das war ja Priesteraufgabe. „Nur“ noch vorbereiten durfte ich, die „Nur“. In dieser Zeit wurde mein „Nur-Gefühl“ so richtig ausgeprägt. Das Schlimmste für mich: Ich hab das auch angenommen, manchmal unter Protest, manchmal aber auch devot. Ich wollte doch eine gute Gemeindereferentin sein! Heute weiß ich es anders! Eine Antwort auf meine Frage: „Warum brauche ich Gott und wozu braucht Gott mich?“, habe ich nicht gefunden.

Irgendwann wechselte ich die Pfarrei und übernahm dort den regelmäßigen Beerdigungsdienst. Den hatte ich bislang nur als Ersatzspielerin gemacht, als „Nur“, aber immerhin mit viel und ermutigender, positiver Rückmeldung. Die ersten Reaktionen dieser Gemeinde: Beerdigung? Nicht von einer Frau! Im Kollektenkorb fand ich ein Schriftstück: „Ich hasse Frau S.“ Das fing schon gut an!

Schon bald gab ich auf und suchte mir eine neue Stelle mit einem Pfarrer, der mich und meine Talente förderte, *der mit viel Liebe und viel Engagement mich und meinen Beruf achtete und wertschätzte und völlig neidlos war. Das hatte ich noch nie erlebt! Er übertrug mir viel Verantwortung, er übertrug mir den Beerdigungsdienst, lies mich predigen. Er motivierte mich, neue Aufgaben zu übernehmen und Gemeinde aufzubauen. Bald ging er in Ruhestand und ein junger Priester kam, der mehr römisch als katholisch war. Auf einmal durfte ich nicht mehr predigen. Auf einmal gab es eine Zweiklassen-Beerdigung: Die Elite beerdigt er, das Fußvolk ich. Von der Kanzel herab sprach er über das Tabu Altarraum und erklärte es theologisch, warum man den Altarraum nicht einfach so betreten darf – auch ich nicht! Zwischen Tabernakel und Priester dürfe sich niemand aufhalten, so sein neues Dogma. Zu knien habe ich beim Hochgebet, in die Knie gezwungen wurde ich. Eine „Nur"! „Ich lasse mir in der Messe von Ihnen den Mund nicht verbieten!", durfte ich einmal hören, als ich im Gottesdienst die Vermeldung machen wollte. Geblieben sind mir meine Nischen. Da hat er nicht reingeredet. In den Kliniken bin ich als Seelsorgerin gefragt, kann für die Menschen da sein, ihnen ein gutes Wort mit auf den Weg geben, ihnen Zeit schenken, die Hand halten, über meinen Glauben sprechen, die Kommunion reichen, mit den Menschen beten. Am liebsten aber beerdige ich Menschen und begleite die Angehörigen in ihrer Trauer. Es erfüllt mich, meine Worte kommen an. Ich leide darunter, wenn ich Kranke begleite und zum Schluss der Priester dasteht, der das Sakrament der Krankensalbung einem für ihn fremden Menschen spendet. Ach ja, ich vergaß: Ich bin ja eine „Nur". Früher bin ich regelmäßig zur Beichte gegangen. Das macht man als gute Katholikin so. Das Ausfragen im Beichtstuhl habe ich zähneknirschend ertragen. Die eigentliche Befreiung war, endlich aus dem Kasten rauszukommen, sage ich heute. Später fand ich dann gute*

Beichtväter – warum eigentlich keine Mütter? –, mit denen ich auch im Gegenüber reden konnte. In meiner Arbeit begegne ich oftmals Menschen, die nach der Beichte fragen. Ich hab mir abgewöhnt, sie sofort an einen Priester zu verweisen. Aus eigener Erfahrung. Ich sage dann, ich sei katholisch und ich dürfe keine sakramentale Lossprechung erteilen. Aber ich könne ein gutes Wort zusprechen und wir könnten zusammen Gott um Vergebung bitten. In 99 % aller Gespräche genügt das den Menschen. Ich lege ihnen – wenn gewünscht – die Hände auf und bitte um einen Segen für sie und um Heilung. Es ist mir eine tiefe innere Freude, wenn ich wahrnehme, wie sich das Gesicht verändert und Menschen froh und erleichtert weggehen. Immer wieder biete ich Sterbenden oder deren Angehörigen an, den Sterbesegen zu erteilen, wenn gewünscht. Ich erlebe, dass die Menschen glücklich und zufrieden sind, wenn sie sich ernst genommen fühlen, angenommen und wertgeschätzt.

Ich bin eine „Nur" in der Kirche, nur Frau, nur Gemeindereferentin, nur Ersatzspielerin. Ich habe mich rar gemacht im Kreis der Kirche. Dafür bin ich in die Nischen gegangen, an die Ränder, wie Papst Franziskus sagt: zu den Kranken, den Behinderten, den Trauernden, den Sterbenden und zu denen, die letztere begleiten im Hospizverein. Meine Kirchenfragen und die Fragen der Kirche sind dort nicht wichtig, aber die Glaubensfragen sind da. Und genau da spüre ich eine Antwort auf meine Ursprungsfrage: „Warum braucht man Gott?" Ich spüre Sehnsucht und Erfüllung und trauere um eine Kirche, die so vielen Menschen helfen könnte und so vieles bewirken könnte, es aber nicht tut.

Was sagt mir die Bibel? Was macht mir Mut, wer und was gibt mir Kraft? Ich finde mich in der Person der Maria Magdalena wieder, die die erste Ostererfahrung macht! Sie ist Zeugin der Auferstehung und braucht dann die Männer, um das zu bestätigen. Maria Magdalena, die zuerst Apostolin der Apostel ist und die dann im Laufe der Geschichte zur Sünderin degradiert wurde!

Ich bin Magdalena, ich hab so oft schon erfahren dürfen, wie Auferstehung mitten im Leben sich ereignet, aber es musste dann durch Männer sakramental bestätigt werden. Einen Titel hat man mir nicht zugesprochen, aber das Prädikat Sünderin angehängt, wenn ich den Priestermännern im Amt gefährlich wurde oder vielleicht wagte, besser zu sein! Eine „Nur". In den geschlossenen Zirkel der Männer komme ich nicht rein und ich will es auch gar nicht mehr. Er bleibt für Frauen verschlossen, egal ob Korach oder Magdalena. Hauptsache Weihe! Zurückgewiesen fühle ich mich durch die Kirche und habe einen anderen Weg gefunden, um von Jesus zu erzählen, ihnen die frohe Botschaft zu verkünden. Zufrieden mit meinem zugewiesenen Platz bin ich nicht.

Viele sagen: „Take it easy, nimm es nicht so tragisch, halte Dich an Jesus, lass die Kirche Kirche sein", aber das kann ich nicht. Diese Verletzungen und Demütigungen, die dann auch noch spirituell überhöht werden. Es diene zu meinem Heil, mache mich demütig, ich hätte kein Recht. Mag sein. Aber es sagen die, die gerade nicht demütig sind und die am Hebel der Macht sitzen. Die Geschichte vom Aussätzigen fällt mir da auch noch ein (Mk 1,40–45). Vom Klerus verstoßen wie eine Aussätzige, „nur" weil ich Frau bin! Aber Jesus nimmt mich an und heilt mich. Weil ich das glaube und weil ich fest darauf hoffe, deshalb bin ich noch in der Kirche. Wollte ich sie verlassen, wäre ich meine Arbeit und meinen Lebenssinn los. Aber ob ich den Schritt des Austritts aus der Kirche mit Eintritt ins Rentenalter nachhole, das weiß ich noch nicht. Ich darf den schönsten Beruf ausüben, den es gibt: Ich kann Menschen von Gott und Jesus und dem Hl. Geist erzählen. Ich kann bei ihnen sein in Not und Tod und sie beerdigen. Ich kann

Trost und Hoffnung schenken. Ich kann das, und das ma-

che ich auch richtig, richtig gerne. Ich bin zu diesem Beruf berufen, er ist meine Passion und meine Erfüllung. Ob ich zur Priesterin berufen bin? Darüber habe ich noch nie ernsthaft nachgedacht, weil sich die Frage nicht stellt. Wenn ich Priesterin wäre, dann sicher nicht in der Form, wie das Priestertum sich heute darstellt. Manchmal denke ich mir: Ich bin ja schon Priesterin, zwar nicht amtlich, aber aus mir oder durch Gott, denn was tue ich anderes, als Menschen mit Gott in Verbindung zu bringen? Ich lebe aus der Hoffnung, dass Jesus einmal zu mir sagen wird: „Du, stell Du Dich in die Mitte!" Und ich dann bei Jesus im Mittelpunkt stehen darf und dass er mein „Nur" verwandelt in Würde und Wert.

Mehrere Kolleg*innen haben vergleichbare Erfahrungen mit dienstvorgesetzten Pfarrern erzählt. Einige haben sich in ihrer Not an die Personalabteilung gewandt. Eine Kollegin erzählte, dass ihr gesagt wurde:

„Wir wissen ja, dass vieles nicht in Ordnung ist, was der leitende Pfarrer macht, und dass es nicht so laufen dürfte. Aber wir finden keinen anderen, der bereit ist, diesen Seelsorgebezirk zu leiten."

Einige Kolleg*innen berichteten davon, dass ihre Vorgesetzten massive Probleme mit Alkohol haben, ein Gemeindereferent erzählte, dass einer der Priester im Seelsorgebezirk schon mehrere Wohnungen zugemüllt habe. Aktuell wohne er in der dritten Wohnung eines großen Pfarrhauses, weil zwei Wohnbereiche durch ihn in einen unbewohnbaren Zustand versetzt wurden. Der zuständige Bischof und die Personalverantwortlichen wissen Bescheid. Es geschieht nichts. Dieser Priester wie auch Priester, bei denen das Umfeld die Suchtproblematik wahrnimmt und ggf. auch Personalverantwortlichen meldet, werden zum Teil bis heute geschützt.

Eine Person im pastoralen Dienst erlebte erst vor wenigen Jahren Folgendes: Ein Pfarrer, der sich öffentlich teamfähig, aufgeschlossen und reformorientiert positionierte, wurde Leiter eines großen Seelsorgebezirks und dadurch auch Vorgesetzter von einem Team pastoraler Mitarbeiter*innen. Während erste Eindrücke der Zusammenarbeit positiv waren, veränderte sich das Verhalten des Pfarrers im Zusammenhang mit der neuen Aufgabe zusehends: *„Ist er überfordert? Oder ist es Mobbing, was er uns gegenüber betreibt?"*, so fragten sie sich. Er lästerte über seinen Vorgänger, über Angestellte und über Ehrenamtliche und versuchte auch, die pastoralen Mitarbeiter*innen gegeneinander auszuspielen. Er erzählte u. a. in Predigten aus Seelsorge- und Beichtgesprächen mit Kindern und Erwachsenen und machte sich lustig über das, was er dabei erlebt hatte. Immer häufiger beschimpfte er auch die Gottesdienstgemeinde. Zudem traf er zunehmend Entscheidungen ohne Rückbindungen an Team oder Gremien, handelte vermehrt gegen explizite Absprachen und schien sich oftmals gar nicht an solche zu erinnern. Er denunzierte Mitarbeitende in Pfarrei und Pastoralteam und versuchte gezielt, diese loszuwerden, was ihm teilweise auch gelang. Die Verunsicherung im Pastoralteam nahm zu. *„Ist es narzisstisches Verhalten? Könnte es sich vielleicht um eine Form von Demenz handeln?"*

Trotz kollegialer Intervention und supervisorischer Schritte verschärfte sich die Situation. Auf dringende Gesprächsanfragen an die Personalverantwortlichen der Diözese erfolgte keine Rückmeldung. Aus Sorge um die Gemeinden, die Mitarbeitenden und auch um ihn selbst wandten sich mehrere Teammitglieder schließlich in Form eines Briefes an das zuständige Ordinariat. Sie schilderten die wahrgenommenen Probleme und baten um Unterstützung. Eine Reaktion auf das Schreiben erfolgte erst, nachdem sich der Pfarrer, der den Brief in Kopie erhalten hatte, beim Bistum meldete. In Folge seiner Anhörung wurden den Verfassenden heftige Vorwürfe gemacht. In einem Gespräch wurden sie nicht angehört, sondern aufgefordert, dem Pfarrer schriftlich ihre volle Loyalität zuzusichern. Unabhängig von einer evtl. Bereitschaft dazu, war der leitende Pfarrer jedoch zu keiner Zusammenarbeit mehr bereit. Die betroffenen Teammitglieder mussten ohne jegliche Rücksicht auf ihre persönliche oder familiäre Situation zeitnah den Seelsorgebezirk verlassen. Die Verantwortlichen auf Bistumsebene wurden erst hellhörig, als bald danach einige der besonders aktiven Ehrenamtlichen ihr Amt niederlegten. Der Priester ist inzwischen erneut in einer Leitungsposition in dieser Diözese tätig.

Gemeldet haben sich mit ähnlichen Erfahrungen nicht nur altgediente GR und PR. Auch Berufsanfänger*innen waren bereit, von ihren Erfahrungen zu berichten. Ein junger Mann, der Kindheit, Jugend und Studienzeit in einem als liberal angesehenen Bistum verbracht hat und dann seine ersten Berufsjahre in einem anderen Bistum verbrachte, sagte über diese Zeit u. a.:

„Hier nun ist man als GR oder PR ein Seelsorger zweiter Klasse, ein Hiwi und Depp vom Dienst. Noch schlimmer als für uns Männer ist es für Frauen. Gemeindereferentinnen werden als Muttis für die Erstkommunionkinder betrachtet. Mit den Menschen arbeiten ist schön, ja, aber insgesamt geht unser Frust ins Unermessliche. Einige meiner Kolleginnen und Kollegen können sich beim besten Willen keine Stelle im Territorialbereich vorstellen. Die Pfarrer bestimmen alles, und auch seitens der Personalabteilung wird uns letztlich gesagt, wir sollen uns unterordnen."

Wenn Jugendliche ihm gegenüber Interesse an einem pastoralen Beruf äußern, dann antwortet er: *„Lern lieber was Gescheites!"*

Er will gut auf sich achten, auch deshalb, weil er mit knapp 30 Jahren schon unter Bluthochdruck leidet und darüber hinaus erlebt, dass sein klerikal bedingter Stress im Beruf auch seine junge Familie belastet.

Eine Frau erzählte im Zusammenhang mit dem Stichwort „klerikale Männerbünde" Folgendes:

„Es ist nicht so, dass ich diese klerikalen Männerbünde und ihre Frauenabwertung erst jetzt wahrnehme. Ich habe es schon als Studentin gemerkt. Einmal wurden wir als Bewerber*innenkreis zukünftiger pastoraler Mitarbeiter*innen vom damaligen Bischof empfangen. Ich erinnere mich, dass er auf einem Stuhl Platz nahm, der höher als unsere Sitzgelegenheiten war. Eine von uns nahm er ins Visier. Er fing an, diese Studentin griechische Vokabeln abzufragen und suchte extra schwere Wörter aus, um sie in die Enge zu treiben. ,Warum hat er das nötig?', fragte ich mich damals irritiert. Das war ganz klar Machtmissbrauch."

Eine junge Frau aus einem anderen Bistum hat erzählt, dass sie jetzt noch einen Versuch wagen wird, als Gemeindereferentin zu arbeiten. Sollte es ihr dabei nicht gut gehen, wird sie einen anderen Weg einschlagen. Sie erzählte von schlechten Erfahrungen bereits in der Zeit der Ausbildung:

Bericht 2: „Wir haben es gehört – wir nehmen es mit"

Es ist nicht so, dass die Personalverantwortlichen in den Bistümern nicht wüssten, wo es klemmt. Sie wissen es, es wird ihnen immer und immer wieder vorgetragen, und es wird Handlungsbedarf benannt. Die stereotype Antwort lautet: „Wir haben es gehört – wir nehmen es mit." Und dann passiert lange oder auch für immer nichts.

Ich musste diese Erfahrung bereits in der Assistenzzeit machen. Über einen Fachbegleiter, der zuständig war, zwei meiner Arbeiten zu begleiten und zu beurteilen, gab es seit Jahren Beschwerden. Geändert hat sich nichts. Beide Male, als ich mit ihm zu tun hatte, erlebte ich als sehr belastend. Es hat mich existenziell angegriffen, denn hätte er mich letztlich durchfallen lassen, dann hätte ich meinen Beruf nicht ausüben können. Es geht mir nicht um ein überhöhtes Berufungsverständnis, aber es ist doch so, dass unser Beruf mehr ist als ein Job. Es ist eine Tätigkeit, bei der wir als Persönlichkeit gefragt sind. Es geht nicht nur um bestimmte Fertigkeiten, es geht um eine Haltung, aus der heraus ich Seelsorgerin sein kann. Im Kolleg*innenkreis bezeichnete ich meine Erfahrungen als „Machtmissbrauch". Einige reagierten so, dass sie sagten: „Das ist aber ein großes Wort! Darf man das bei so etwas sagen?" Ich sage ja! Machtmissbrauch gibt es in unserer Kirche nicht nur in Form von sexualisierter Gewalt oder (was so langsam anerkannt wird) als geistlichen Missbrauch. Machtmissbrauch zeigt sich in vielen Zusammenhängen.

Meine erste Erfahrung machte ich mit ihm, als ich eine Hausarbeit zu einem Projekt in der Gemeinde, das ich durchgeführt hatte, geschrieben habe. Ich habe die Arbeit im Kontakt mit ihm verfasst, habe bei dem Fachbegleiter Rat und Rückmeldung eingeholt und seine Hinweise berücksichtigt. Er hat mir permanent den Eindruck vermit-

telt, dass ich gute Arbeit leiste. Und dann kam die Note. Sie war deutlich schlechter, als ich erwartet hatte. Ich war sehr irritiert und erfuhr von meinem Mentor, der Fachbegleiter hätte für ihn nicht nachvollziehbare heftige Kritik geäußert. Ich wollte wissen, warum und bekam zur Antwort, dass meine schriftlichen Ausführungen zu komplex gewesen seien. Schon im Gespräch bei der Prüfung hatte ich mich über Nachfragen von ihm gewundert. Mein Eindruck war: Er hatte die fertige Arbeit vor der Prüfung gar nicht gelesen.

Nun stand meine Abschlussarbeit an und aufgrund der Vorerfahrung habe ich sie in engem Kontakt mit ihm erarbeitet. Ich habe Fragen gestellt, ich habe alle seine Literaturhinweise verwendet. Bei einem Modell, das ich auf kirchliche Verhältnisse anwenden sollte, habe ich eigens angemerkt, dass ich meine Zweifel habe, ob das für unseren Bereich wirklich hilfreich sei. Doch, so sagte er, damit solle ich arbeiten. Immer wieder signalisierte er mir, dass ich auf einem guten Weg sei. Kurz vor Abgabe und Kolloquium sagte er am Telefon zu mir: „Die Arbeit liegt bisher im guten bis sehr guten Bereich." Er gab mir noch ein paar Tipps und ich habe sie berücksichtigt, weil ich gerne ein „sehr gut" erreichen wollte. Dann habe ich die Arbeit abgegeben und es lagen noch ein paar Tage vor mir bis zum Kolloquium. Er rief mich an und sagte: „Wenn Sie im Kolloquium nicht deutlich machen, dass es anders gemeint ist, als Sie es geschrieben haben, dann sieht es gar nicht gut aus für Sie." Ich war am Boden zerstört, ich sah die ganze Mühe der Jahre des Studiums und der Berufseinführung zerbröseln. Was er gesagt hatte, ließ mich befürchten, dass ich durchfallen würde. Dann rief er nochmal an und meinte, ich könnte die Abschlussarbeit zurückziehen und ganz neu schreiben. Vor allem ein Modell, das ich verwendet hätte, passe ja nun mal gar nicht auf kirchliche Verhältnis-

se. Es war das, von dem er wollte, dass ich damit arbeite! Ganz neu schreiben wollte ich die Arbeit nicht, und es gelang mir, mit ihm zu vereinbaren, dass ich die Arbeit aufgrund seiner jetzigen Kritik radikal überarbeite. Ich arbeitete zwei Tage wie verrückt nochmal an dieser Arbeit – einschließlich zweier Nachtschichten. Meine Note war eine Eins.

Ich war nicht die einzige, die mit ihm ein solches Hin und Her durchgemacht hat. Und es ging wirklich nicht um konstruktive Kritik und herausfordernde Begleitung. So etwas schätze ich. Nein, es ging um Macht. Er hatte die Macht, mich durcheinanderzubringen, mir Angst zu machen und dann doch wieder alles gut ausgehen zu lassen. Bedenkenswert finde ich auch, dass Gespräche im Kolleg*innenkreis zeigten, dass es eher Frauen mit ihm so ging. Männer hatten es meistens leichter. Nur Frauen gegenüber legte er ein „Kleine Mädchen-Papa-Ausbildungsgefüge" an den Tag. Abgesehen von diesem Prüfungsdrama war auch meine Stelle in der Assistenzzeit kein Vergnügen. Da ich in Schrift und Sprache gendere, kamen vom Priestervorgesetzten immer wieder Kommentare, in denen er mein „super anstrengendes Emanzengetue" kritisierte. Hinzu kamen Vorgehensweisen wie: Informationen zurückhalten oder ein Machtgefälle unter den Mitarbeitenden inszenieren. Er hat sich ein narzisstisches System aufgebaut, in dem er der Mittelpunkt ist und die Fäden zieht. Jemand in verantwortlicher Position im Bistum sagte einmal zu mir: „Ganz ehrlich – so wie es Ihnen geht, geht es 80 % der Gemeindereferent*innen."

Bei dem Fachbegleiter der jungen Kollegin handelte es sich nicht um einen Priester. Und ja, man könnte einwenden, dass einem so etwas auch in anderen Unternehmen passieren kann. Passiert ist es aber in der Kirche, passiert ist es einer Frau im klerikal-männlichen System. Eine Regel im Bereich Organisationsentwicklung lautet: Was zu einer Unternehmenskultur gehört – im positiven, wie im negativen Bereich –, das erkennt man auf allen Ebenen und in allen Teilstrukturen. Mit diesem Gedanken könnten manche Abläufe in kirchlichen Arbeitszusammenhängen betrachtet werden. Wobei es selbstverständlich nicht nur Männer sind, die die Machtspiele spielen. Auch schlechte Erfahrungen mit Frauen in Personalverantwortung kamen vereinzelt in den Interviews zur Sprache.

Eine weitere Kollegin hat Ähnliches wie die Kollegin in Bericht 2 aus ihrer Assistenzzeit erzählt. Nicht nur ihr Priestervorgesetzter, auch der zufällig der Gemeinde zugehörige Ausbildungsleiter – beide auch Supervisoren und mit der Diözesanleitung gut vernetzt – machten ihr gezielt das Leben schwer. Hier ein Beispiel aus ihrem Bericht:

„Es war meine allererste Katechese, die ich in einem Gottesdienst halten sollte. Ich war etwas nervös und hatte mich sehr gut vorbereitet. Mein Chef verlangte von mir, dass ich ihm vorab den ganzen Text gebe. Meine Katechese hatte einen Kernsatz, auf den alles hinauslief und der am Schluss die Zusammenfassung meiner Ansprache sein sollte. In seiner Einführung in den Gottesdienst brachte mein Vorgesetzter genau diesen Satz ins Spiel. Er nahm die Quintessenz vorweg und ich war völlig verunsichert und das blieb so auch während meines Parts im Gottesdienst. Der Ausbildungsleiter war ebenfalls anwesend und sagte hinterher, als ich noch ganz verzweifelt war, zu mir: ‚Das war wohl nichts, da müssen Sie noch viel üben!‘ Als sehr übergriffig empfand ich, dass mein Vorgesetzter in seiner Rückmeldung zur Katechese psychologisierend fragte, was denn in meiner Biografie vorgefallen sei, dass ich nicht sicher auftreten könne.

In Gesprächen mit Berufsanfänger*innen kam auch zur Sprache, wer mit welchem spirituellen Hintergrund heutzutage eigentlich Interesse an einem pastoralen Beruf hat. Dass unter Priesteramtskandidaten die Fraktion der Traditionalisten stärker wird, ist unbestreitbar. Ähnliches gilt aber auch für andere Studierende im Hinblick auf kirchliche Berufe. Viele kommen aus neuen geistlichen Gemeinschaften oder anderen katholikal-charismatischen Kreisen. Diese Art der Spiritualität spielt u. a. im nächsten Beitrag eine Rolle. Diese Kollegin entschied sich erst im mittleren Lebensalter für den Beruf der Gemeindereferentin. Schon nach wenigen Jahren steht sie nun vor der Entscheidung: Wage ich noch einmal einen Versuch an einer anderen Stelle oder verlasse ich diesen Beruf und suche eine Alternative, als Seelsorgerin tätig zu sein?

Bericht 3: War ich Opfer von Narzissten?

Als Kind wurde ich evangelisch getauft. Mit Anfang 30 habe ich eine spirituelle Erfahrung gemacht, die mich dazu bewogen hat, in die katholische Kirche einzutreten, Theologie im Fernkurs zu studieren und die Aufnahme in den Bewerber*innenkreis für den Beruf der Gemeindereferentin zu beantragen. Ich wurde gerne aufgenommen, obwohl ich als schon etwas ältere Konvertitin und alleinerziehende Mutter nicht dem Durchschnitt der Bewerber*innen entsprach. Meine Beziehung zu Gott und vor allem zu Jesus erlebe ich als sehr lebendig. Aus der Gewissheit dieser Liebe heraus gehe ich auf Menschen zu, bin mit Leib und Seele Seelsorgerin und habe in meiner Arbeit einen mystagogischen Ansatz. Mir geht es nicht um Missionierung, ich bin alles andere als „konservativ katholisch". Ich möchte Menschen begleiten auf ihrem Weg, gerade auch in schweren Zeiten. Sterbende begleiten, Trauergespräche führen, Beerdigungen halten – das liegt mir. Schüler*innen kommen auf mich zu, wenn sie ein Problem haben, weil sie spüren, dass ich zuhöre, ihnen glaube und verstehen und helfen möchte. Und ich kann gut leiten, organisieren, Neues entwickeln. Meinen Erstberuf habe ich trotz guter Karrierechancen bewusst verlassen, um das zu tun, worin ich meinen Auftrag sehe. Von Menschen, die ich begleite, bekomme ich immer wieder sehr positive Rückmeldungen.

Nach einigen Jahren im Beruf bin ich nun krank. Ich erlitt einen Nervenzusammenbruch und ich habe körperliche Beschwerden, die mich zum Teil sehr belasten und schwierige Behandlungen erfordern. Wie es weitergehen wird in meinem Leben, das weiß ich noch nicht. Ob ich Gemeindereferentin in dieser Kirche bleiben will, weiß ich ebenfalls noch nicht. Was war geschehen?

Ich habe an drei Stellen ähnlich negative Erfahrungen mit dienstvorgesetzten Pfarrern machen müssen. Alle drei sind von ihrer religiös-theologischen Ausrichtung her traditionalistisch und charismatisch geprägt. Alle drei haben Rückhalt aus ebensolchen Kreisen in ihren Gemeinden, gerade auch unter Frauen. Wenn sie etwas tun, bei dem jede*r erkennen kann, dass es nicht okay ist, dann lautet die Entschuldigung: „Ein Pfarrer ist halt auch nur ein Mensch." Ich kann diesen Spruch nicht mehr hören. Bisweilen kommt mir der Gedanke: „Am Altar ein Repräsentant Christi, im Büro ein Teufel." Ich benenne im Folgenden ein paar Szenen, die mir mit diesen Priestern passiert sind:

Ein Priester berührte sich mehrmals, ohne es selbst zu merken, in meiner Gegenwart am Unterleib. Auch bei einem weiteren Priester war erkennbar, dass er durch mich sexuell angeregt wird. Und dies zu einer Zeit, in der ich eher übergewichtig war, mich nicht geschminkt habe oder ähnliches. Mir war das sehr, sehr unangenehm und ich hab mich gefragt: „Was hab ich an mir?" Ich habe, wie so oft, die Schuld bei mir gesucht. Ich war aus katholischem Blickwinkel betrachtet meinem damaligen Gefühl nach nicht wirklich in Ordnung. Ein Dienstvorgesetzter fragte mich auch mal, ob ich mein sündhaftes Leben als ledige, alleinerziehende Mutter eigentlich schon mal gebeichtet habe? Ich möge mein Verhalten im Blick auf die Muttergottes überprüfen! Heute weiß ich, dass das übergriffig war, damals war ich unsicher. Durfte er als dienstvorgesetzter Priester solche Fragen und Forderungen an mich richten?

Bei einem der Priester musste das Pastoralteam vor dem Dienstgespräch immer frei beten. Beten in einem eng katholisch-charismatischen Stil. Jede*r von uns musste etwas sagen, sonst fing das Dienstgespräch nicht an. Einmal platzte mir innerlich der Kragen und ich betete laut: „Lieber Gott, ich muss beten. Aber du kannst nicht reinkommen. So wie wir hier ins Gebet gedrängt werden, da ist kein wirklicher Raum für dich." Mein Chef war sehr irritiert, und ich sagte ihm hinterher, dass sein erzwungener Gebetsstil verhindere, dass wirklich Gebet und Gottesnähe geschehen können. An einer anderen Stelle hat mir der Pfarrer vom ersten Tag an das Gefühl gegeben, unerwünscht zu sein. Ich bekam ein völlig abgetakeltes, verdrecktes Büro ohne entsprechende Möblierung, sollte möglichst nicht in Erscheinung treten. In einem Dienstgespräch mit ihm und einem Pastoralreferenten sprachen wir über eine andere christliche Gruppierung. Der leitende Pfarrer sagte dabei plötzlich: „Und dann knien sie sich vor dem Priester nieder und werden von hinten gefickt." Ich fand diese Äußerung einfach abstoßend und empfand sie mir gegenüber als verbale sexuelle Belästigung. An einer anderen Stelle geriet ich in die Situation, fast Tag und Nacht zu arbeiten. Bis zu 16 Stunden am Tag war ich in Aktion, mitten in der Nacht habe ich Mails beantwortet. Als ich in der Zeit vom Dienstvorgesetzten zum Mitarbeiterjahresgespräch eingeladen war, sagte er gleich zu Beginn: „Ich bin enttäuscht über dein Glaubensleben und du arbeitest zu wenig!" Mit dem Glaubensleben meinte er, dass ich zu selten in der Kirche zu sehen war und meine Sonntagspflicht nicht gut genug erfüllen würde. Für ihn war auch völlig fremd, dass Gottesdienste, in denen eine GR beruflich tätig ist, als Arbeitszeit gewertet werden. Mich hat diese Abwertung meines Glaubenslebens und meiner Engagements tief getroffen. Eine Folge war, dass ich bald danach zu Gott betete und ihm sagte, dass er mich wohl nicht mehr brauche. Ich fühlte mich als völlige Versagerin. Doch dann geschah etwas, das für mich wie ein Zeichen war, dass ich doch gewollt und beauftragt bin. Nach einer Laudes, an der ich immer sehr gerne teilgenommen habe, stand eine Eucharistiefeier auf dem Plan. Doch der Priester kam nicht. Die Leute baten mich, mit ihnen spontan doch einen Gottesdienst zu feiern. Ich tat es. Alle blieben da und viele sagten hinterher, dass es für sie ein

sehr schönes Erlebnis gewesen sei.

Das tat gut, und es hat mich in meinem Tun bestärkt, aber dennoch habe ich die Art, wie diese Priester mit mir umgegangen sind, auf die Dauer nicht ertragen. So wurde ich krank. In einer begleiteten Auszeit entdeckte ich nach und nach: Was ich erlebt habe, das war Missbrauch – sexueller Missbrauch, geistlicher Missbrauch. Ein klerikaler Machtmissbrauch, der mich als Person mit meinen Kompetenzen und meiner Spiritualität total abgewertet und tief verletzt hat. Meine unmittelbaren Vorgesetzten haben ihre Fürsorgepflicht nicht wahrgenommen, sie haben meine Rechte nicht respektiert und mich nicht geschützt. Ich war ihnen ausgeliefert. Ähnlich wie ich es als Kind Erwachsenen gegenüber erlebt habe. U. a. habe ich mich erinnert, dass ich schon als kleines Kind sexuellen Missbrauch erlitten habe. Ich habe mich erinnert, dass ich immer brav sein wollte. Ich frage mich: Gibt es da Zusammenhänge? War ich das ideale Opfer für Narzissten?

Personalverantwortliche und MAV verstanden mich, standen auf meiner Seite und sagten mir: „Es ist schlimm, man sollte etwas dagegen unternehmen." Aber sie sagten sinngemäß auch: „Uns sind die Hände gebunden." Von mehreren Seiten, nicht nur aus meinem Bistum höre ich: Die meisten leitenden Priester sind schwierig, als Dienstvorgesetzte ungeeignet und anstrengend. Viele von ihnen erwarten, dass man ihre spirituelle Ausrichtung teilt, sie kennen arbeitsrechtliche Regelungen nicht oder ignorieren sie, überschreiten ihre Kompetenzen in ihren Forderungen an pastorale Mitarbeiter*innen und respektieren gleichzeitig die Qualifikation und das Können ihrer pastoralen Kolleg*innen nicht. Sie sehen uns oft gar nicht als Kolleg*innen, denn uns, den Lai*innen, fehlt ja das Entscheidende – die Weihe.

Ich habe viel erkannt und gelernt in der bisherigen Zeit der Krankheit. Ich bin nicht mehr bereit, unter solchen Umständen in der Kirche zu arbeiten. Vielleicht wäre eine Stelle in der Kategorialseelsorge denkbar, vielleicht werde ich auch etwas anders machen. Seelsorgerin werde ich bleiben.

Gerade unter jungen Priestern ist Traditionalismus im Aufschwung. Das ist nicht nur schwer für andere im Pastoralteam, sondern auch für viele in den Gemeinden. Ein Kollege erzählte:

„Auf geistlicher Ebene betont er sehr die Beichte, Bußandachten hat er abgeschafft. Auch die Predigten sind entsprechend. Konservative, kirchentreue Schwarzwälder haben keine Lust mehr, sich so etwas sagen zu lassen. ‚Wenn der den Gottesdienst leitet, gehe ich nicht mehr hin!' Auch ein Mesner und Ehrenamtliche haben in den vergangenen Monaten aufgehört. Jugendliche blockieren komplett. Leider meist, ohne klar zu sagen, warum. Es hat mit der Elfenbeinturmmentalität zu tun. Priester werden als gottgleich angesehen, sehen sich selbst so und hängen eigentlich noch am Rockzipfel der Mutter, … verwöhnt und unselbständig."

Dass es schlimme Folgen haben kann, einem Priester gegenüber begründete Vorbehalte zu haben, musste eine Kollegin erleben, die über die Auslandsseelsorge eine Stelle als Gemeindeleiterin in einem anderen Kontinent übertragen bekam. Ein Ruhestandspriester begleitete sie dorthin, sodass auch priesterliche Dienste gewährleistet waren. Bei einer Konferenz der Auslandsseelsorge in Deutschland erfuhr sie, dass in der ca. 400 km entfernten Nachbargemeinde ein Priester eingesetzt werden sollte, der dann auch ihr Vorgesetzter sein würde. Im Gespräch mit ihm erfuhr sie, dass sein Hauptinteresse war, an ihrem Einsatzort sehr billig einkaufen zu können. Sie wehrte sich dem für den Einsatz verantwortlichen Priester gegenüber. Dieser reagierte äußerst ärgerlich und sagte: *„Wie kann man nur einen Priester kritisieren!"*

Er erklärte ihr, dass er ihr die Stelle hiermit fristlos kündige und sie nicht mehr zurückfliegen dürfe. Die einzige

Möglichkeit, zu bleiben, bestehe darin, den Priester zu bitten, sie doch mitzunehmen. Nicht nur ihr Einsatz an einer Wunschstelle stand auf dem Spiel, sondern ihre Existenz. Eine Abfindung hätte sie vermutlich erhalten oder einklagen können, aber das war es ja nicht, was sie wollte. Der Rückflug der Kollegin war auf Montag um 06.00 Uhr geplant. Zum Telefonat bereit war der Priester am Sonntag um 21.00 Uhr. Sie machte sich klein, demütigte sich selbst – und durfte fliegen. Bald danach beschwerten sich andere Auslandsseelsorger so sehr über den Priester, dass ihm die Zuständigkeit für ihren Bereich entzogen wurde. Eine spätere Stelle verlor er kurze Zeit nach Stellenantritt wieder, weil er Gelder veruntreut hatte. Die Kollegin selbst benötigte nach seinem Weggang eine lange Auszeit in Deutschland, um psychisch wieder stabil zu werden.

Eine der belastenden Erfahrungen der Kollegin in Bericht 3 bestand darin, dass sie als alleinerziehende Mutter das Gefühl hatte, nicht wirklich zugehörig sein zu können in der katholischen Kirche. Ähnlich ging es dem Kollegen im folgenden Fall.

Bericht 4: Mir wurde ein Schweigegebot auferlegt.

Ich bin gegen Ende des Berufslebens in Burnout und Depression gelandet. Alles, was ich lange gern getan hatte, fiel mir immer schwerer. Ich fühlte mich leer. In einer vom Bistum genehmigten Supervision fragte der Supervisor, ein Priester: „Woher kommt dieser Frust, was waren die Auslöser?" Mir wurde immer klarer, dass das kirchliche Arbeitsrecht, die Grundordnung und die Art und Weise, wie es in meinem Fall angewendet wurde und wird, die Ursache ist. Ich lebte in permanenter Bedrohung aufgrund meiner Lebensform, mir wurde ein Schweigegebot auferlegt, das jedoch nur für mich galt, und es ist dem System und den Mächtigen im System gelungen, mir dauerhaft das Gefühl zu vermitteln, dass ich nicht genüge.

Vor mehr als 30 Jahren habe ich geheiratet und ich wollte ein Leben als Ehemann und Vater mehrerer Kinder leben. Als die Jüngste unserer vier Kinder ins Kindergartenalter kam, ging meine damalige Frau eine Beziehung mit einem Priester ein. Sie wurde schwanger, hat aber das Kind verloren. Ich konnte sie in ihrer Trauer nicht trösten, das war mir emotional einfach nicht möglich. Wir haben uns getrennt und bald danach wurde ich zum Generalvikar bestellt. Es handelte sich bei dem Priester um jemand in exponierter Stellung und so wurde von mir verlangt, die ganze Angelegenheit für mich zu behalten. Nur unter dieser Bedingung wurde mir erlaubt, in einer kleinen Wohnung in der Nähe meiner Kinder zu wohnen. Da zwei der Kinder Menschen mit Behinderung sind, war es notwendig, dass ich mich nach wie vor um vieles kümmerte. Die klare Ansage war: Sollte ich irgendjemand gegenüber verlauten lassen, weshalb ich mich von meiner Frau getrennt habe, dann würde ich in eine andere Gegend des Bistums versetzt. Mir wur-

de auch signalisiert, dass es wohl an mir gelegen habe, ich sei wohl beziehungsunfähig. Außerdem habe meine Frau den Priester verführt. Der Priester selbst wurde geschützt, keine zwei Jahre später wurde er laisiert, und es wurde ihm dennoch ermöglicht zu promovieren, und er konnte Karriere machen. Möglicherweise hat dabei eine Rolle gespielt, dass er ein Studienkollege eines Klerikers in der Diözesanleitung war. In der Zeit als er aus dem Priesteramt ausschied, ging es mir psychisch sehr schlecht. Und dann erfuhr ich, dass seitens der Vertreter des Arbeitgebers offen gesagt wurde, dass es bei der ganzen Sache um meine Frau und mich ging. Ich hatte mich an die Schweigepflicht gehalten – für die andere Seite galt sie nicht. Ich fühlte mich verraten. Ich hatte so vieles verloren, und mir wurde gleichzeitig vermittelt, dass ich nicht in Ordnung bin, nicht in das System Kirche passe.

In der Zeit der Trennung war aufgrund einer Firmung der Bischof in unserer Gemeinde, und er kam in einer Pause mit in meine Mini-Wohnung, in der ich immer wieder auch mal alle meine Kinder unterbringen musste. Er sah, wie ich lebte, aber er sagte nichts. Er fragte nur, ob ich mich mit meiner Frau wieder versöhnt hätte oder versöhnen könnte. Kein Wort, dass er weiß, dass das alles schwer für mich ist. Keine Nachfrage, was mir vielleicht helfen könnte. Kein Bedauern. Heute würde ich in so einer Situation Klartext reden, damals habe ich es nicht gewagt. Mein damaliger vorgesetzter Priester lebte in einer Beziehung mit einer Frau, und als er still und heimlich versetzt werden sollte, hat er versucht, seine Anhänger in der Gemeinde zu instrumentalisieren, damit er bleiben könnte. Ich musste damals mit ihm reden, um eine Spaltung der Gemeinde zu verhindern. Er wurde geschützt, wie Priester eben geschützt wurden. Mich hat niemand geschützt. Mir wurde auferlegt, dass ich keine andere Partnerschaft eingehen dürfe. Ich hatte Beziehungen, aber eben immer heimlich, musste immer tricksen. Es war wie ein Virus, das immer wieder in mir aufbrach und mich darunter leiden ließ, dass ich, so wie ich bin und lebe, niemals mehr ganz dazugehören werde.

Erst etwa 20 Jahre nach der Trennung ließen wir uns scheiden. Aus finanziellen Gründen hatten wir so lange gewartet. Ein Jahr später kam ich mit meiner jetzigen Partnerin zusammen. Auch sie war Angestellte bei der katholischen Kirche. Wieder mussten wir tricksen. Mehr als 10 Jahre später kauften wir zusammen ein Haus. Wir mussten die Auflage erfüllen, dass es zwei getrennte Wohnung sein müssen. Ich musste dem Bistum eine Abgeschlossenheitsbescheinigung vorlegen. Mein Dienstvorgesetzter musste mich besuchen und mir die Frage stellen: „Wohnst du auch wirklich im ersten Stock?" Wenn mich jemand fragte, wie es im Urlaub war, musste ich so erzählen, als wäre ich allein weggefahren. Und immer noch war das Hauptgefühl nicht Wut als Reaktion auf diesen Umgang, sondern das Gefühl, irgendwie falsch zu sein. Ich hatte die kirchlichen Sexualregeln ja von Jugend an indoktriniert bekommen. Ich habe mich nicht daran gehalten, ja, aber nicht in Freiheit, sondern immer begleitet von schlechtem Gewissen.

Und dann kam „#OutinChurch"! So viele Aspekte, die diese Betroffenen benannten, galten auch für mich. So vieles kam hoch, als ich mich damit beschäftigte. Ich geriet in eine Depression und wurde für längere Zeit krankgeschrieben, auch über die richtig schlimme Phase hinaus.

Das kirchliche Arbeitsrecht in sich richtet großen Schaden an – bei queeren Menschen, aber auch bei Lebensgeschichten wie der meinen. Und ich bin bestimmt nicht der Einzige! Hinter diesem Recht stehen spirituelle Ideen bis hin zu eschatologischen Lehren, die diese Regelungen völlig überhöhen. Sie sollen mich schützen, mir helfen, ein gottgefälliges Leben zu führen. Nicht nur das Recht in sich ist schlimm, der Umgang damit ist schlimm, vor allem auch das Messen mit zweierlei Maß. Priester werden geschützt, *es wird auch gesagt, dass ein Zölibatsbruch kein göttliches Recht betreffe, eine Scheidung und Wiederheirat jedoch schon. Am schlimmsten bei all dem ist die Rechtfertigung von Regeln durch einen angeblich von der Kirchenleitung erkannten göttlichen Willen. Dieses Element zeigt für mich, dass es sich auch bei rechtlichen Vorgaben um geistlichen Missbrauch handeln kann.*

Was hat mich so kaputt gemacht, das habe ich immer wieder gefragt. Ich glaube, ich bin der Antwort sehr gut auf der Spur. Ich erzähle meine Geschichte, um auch anderen Mut zu machen, sich zu befreien aus Machtmissbrauch. Ich hoffe auf Leser*innen, die meinen Schmerz verstehen und die verstehen, dass ich ihn rauslassen will. Ich tue es durch diesen Text. Vielleicht hilft es mir, meinen Seelenfrieden wiederzufinden. Vielleicht gehe ich auch noch mit meinem Namen mit meiner Geschichte an die Öffentlichkeit.

Die Fassade wahren, Priester schützen und gleichzeitig gegenüber den Mitarbeiter*innen das Einhalten von Regeln der katholischen Sexualmoral fordern. Wie groß die Belastung dabei viele Jahre lang sein kann, das wurde offensichtlich im vorangegangenen Bericht. In vielen Begegnungen per Video erzählten Kolleg*innen von psychischen und körperlichen Schädigungen. Eine, deren Bericht hier nicht erwähnt wird, weil sie zu Recht fürchtet, dass sie erkennbar wäre und erneut angegriffen werden könnte, schrieb nach dem Interview:

„Noch eins: Wir haben nicht über die gesundheitlichen Auswirkungen gesprochen: Ohrensausen, Rückenschmerzen, Herzschmerzen, Juckreiz, Schlafstörungen ... Ich habe viel Zeit in Behandlung verbracht. Aber das ist sicher auch ein typisches Phänomen."

Mehrere Kolleginnen haben erzählt, dass sie mit ihrem Bischof über das Erlebte gesprochen haben. Einer sagte daraufhin, dass es ihm leidtäte, dass sie und ihr Ehemann, der in der Nachbargemeinde in der Pastoral tätig war, auf Drängen ihres Vorgesetzten versetzt worden seien.

„*Aber*", so sagte er, „*wenn ein Pfarrer etwas will oder nicht will, da kann ich als Bischof nichts machen.*" Eine andere Kollegin sagte: „*Mit meinem Bischof habe ich über diese Vorgänge gesprochen, ich habe ihm gesagt, wie es mir ging. Er hörte zu, es hat ihn berührt. Aber das war es dann auch. Ein zahnloser Tiger. Als ich ihn so sitzen sah, dachte ich: ,Soll ich ihn jetzt trösten, oder was?'*"

Immer wieder wurden in Umfrage und Interviews Beispiele benannt, die einerseits aufzeigen, wie sehr Vorgaben des kirchlichen Arbeitsrechts belastende Folgen haben können, und andererseits, wie unterentwickelt das Bewusstsein für Arbeitnehmer*innenrechte von Beschäftigten in der Pastoral oft war und ist. Das fehlende Bewusstsein ist das eine, Willkür im Hinblick auf Arbeitnehmer*innenrechte ist noch einmal etwas anderes. Ein diesbezüglich besonders eindrückliches Beispiel aus den 80er-Jahren steht in Bericht 5.

Bericht 5: „Stellen Sie erst mal Ihre Gefühle in den Kühlschrank!"

Als Studentin der Religionspädagogik und kirchlichen Bildungsarbeit 1976–1980 erlebte ich hohe Motiviertheit unter den Mitstudentinnen und -studenten wie auch engagierte Dozenten. Doch vonseiten unserer Diözese bestand Unsicherheit, wie mit den kommenden ausgebildeten Laien zu verfahren sei und wo man sie einsetzen könnte. Man(n) bemühte sich, uns für das Praktikumsjahr in einer Gemeinde „unterzubringen", war aber zurückhaltend, was die Anstellung und Übernahme in den Diözesandienst anging. „Ihr seid zu viele!", wurde uns entgegengehalten. Dass ein Lebenswandel nach der „Morallehre der Kirche" Voraussetzung ist, wussten wir. Mehrere Paare unter den Mitstudierenden, auch mein Freund und ich, heirateten während des Studiums. Damit erfüllten wir die Norm einer festen Bindung in einer sakramental geschlossenen Ehe. Dass mit dieser Entscheidung Kolleginnen wenige Jahre später in eine Sackgasse geraten würden, war nicht vorhersehbar. Als es nämlich nach acht Semestern Studium der Religionspädagogik und Kirchlichen Bildungsarbeit um die Anstellung ging, wurde in unserer Diözese Mitte der 80er-Jahre ein Auswahlkriterium hinzugefügt. Wenn der Ehemann bereits einen festen Beruf hatte und damit „die Familie ernähren konnte", wurde seiner Frau die Missio canonica verweigert. Hoch motivierte und qualifizierte Diplom-Religionspädagoginnen wurden zurückgewiesen. Sie mussten sich einen anderen Beruf suchen. Dies führte unter den noch Studierenden zu großer Anspannung, Verunsicherung und Angst. Ich persönlich konnte meine Seminarzeit auch mit Kind noch zu Ende bringen und wurde „hauptamtlich in Teilzeit" als Religionslehrerin im Kirchendienst übernommen. Doch die Absolventinnen der Jahrgänge nach *mir mussten um ihre Anstellung bangen. Ihre Sorge bewegte auch uns Kolleg*innen.*

Bei einer Veranstaltung für die Dekanate unserer Region mit dem Generalvikar zum Thema „Zukunft der Kirche" ergriff ich die Gelegenheit, das Anliegen vorzubringen. Ich wollte darauf hinweisen, dass eine Anstellung der jungen Absolventinnen zukunftsweisend für unsere Kirche wäre, doch der Generalvikar hörte nicht lange zu. Er unterbrach mein Plädoyer und forderte mich vor der ganzen Versammlung auf: „Stellen Sie erst mal Ihre Gefühle in den Kühlschrank!" Ohnmächtig und klein kam ich mir vor, wie eine abgewiesene Bittstellerin vor dem mit Klerikern besetzten Podium. Ich konnte nur noch stockend zu Ende sprechen. Eine betretene Atmosphäre herrschte im Saal. Kein unterstützendes weiteres Wort gab es dazu von Teilnehmenden.

Weibliche kollegiale Solidarität war es wohl, die mich in der Mitteilung der Schwangerschaft unseres dritten Kindes noch einen Satz anfügen ließ. Da ich nach der Geburt nicht gleich wieder in den Unterricht einsteigen wollte, schlug ich vor, einer weiteren Kollegin eine Anstellung zu geben. Der Domkapitular im Schulreferat legte mir in seinem Antwortbrief in den Mund, aus dem Dienst der Diözese ausscheiden zu wollen. Damit hatte ich meine Festanstellung verloren. Diese willkürliche Vorgehensweise hatte sicher damit zu tun, dass es so etwas wie eine Elternzeitregelung in den achtziger Jahren in unserer Diözese noch nicht gab. Von Arbeitnehmerrechten zu sprechen war verpönt und uns fehlte das nötige Selbstbewusstsein. Eine MAV wurde erst später eingeführt. Da mein Beruf und die erhaltene Missio mir viel bedeuteten, engagierte ich mich jahrelang auf Grundlage meines Fachwissens ehrenamtlich – in der Pfarrgemeinde und darüber hinaus. Als ich mich nach sech-
zehn Jahren im Ordinariat meldete und erneut um eine

Stelle bemühte, musste man meine Personalakte erst finden. Ich konnte eine Teilzeitstelle als Gemeindereferentin antreten, die jahrelang ehrenamtlich erworbene Berufserfahrung wurde bei der Eingruppierung allerdings nicht berücksichtigt. Ich freute mich jedoch, dass sich in der Berufsgruppe inzwischen viel getan hatte. Das Bangen der ersten frühen Jahre lag weit zurück, bleibt aber bis heute in der Erinnerung.

Nach Jahrzehnten traf ich einen Bekannten aus meiner früheren Gemeinde. Bei unserem Austausch kam er zufällig auf jene Veranstaltung zu sprechen. Er sei als Pfarrgemeinderat dabei gewesen und könne sich noch genau an die abschätzige Aussage des Generalvikars auf meine Frage hin erinnern. Die Missachtung und fehlende Wertschätzung hätten ihn empört, sie seien ihm übergriffig und arrogant erschienen, meinte er. Heute würde dieses Verhalten der Kategorie „selbstherrliches Auftreten" und „klerikalistisches Machtgehabe" zugeordnet werden.

Immer wieder in den Interviews kam die Rede auf sexuelle Übergriffe, Missbrauch und sexualisierte Gewalt. Eine Frau erzählte von sexuellen Übergriffen durch den eigenen Heimatpfarrer, der sie von Kindheit an kannte. Das, was sie vor Jahrzehnten erlebte, belastet sie bis heute. Hier ihr Bericht:

Bericht 6: „Jetzt sind wir wieder gut, ja?"

Was ich erzählen werde, liegt Jahrzehnte zurück. Es hat mich geprägt und belastet mich bis heute, trotz aller Unterstützung und Therapie, die ich mir aufgrund mehrmaliger schwerer Depressionen geholt und meist selbst bezahlt habe. Die Therapien haben mir geholfen, mit dem Erlebten einigermaßen klarzukommen. Dennoch bringt es mich immer wieder aus der Fassung, wenn ich darüber rede.

Aufgewachsen bin ich, zusammen mit drei Brüdern, in einer streng katholischen Familie. Meine Eltern und meine Brüder waren oft krank, und ich musste mich um vieles kümmern. Und das neben dem Lernen fürs Gymnasium. Früh war mir klar, dass der Plan vor allem meiner Mutter für mich war, dass ich nach dem Abitur Hauswirtschafterin lernen sollte, um für Eltern und Brüder sorgen zu können. Ich selbst jedoch wollte Religionspädagogik studieren und Gemeindereferentin werden. Mein religiöses Leben war katholisch geprägt, die sonntägliche Mitfeier der Messe und auch die regelmäßige Beichte waren für mich selbstverständlich. Den Pfarrer am Ort kannte ich seit meiner Erstkommunion, und er kannte mich. Gerade durch meine Beichten kannte er mich besser als jeder andere. Er wusste um die schwierige Familiensituation, er wusste, dass ich dazu erzogen war, Priester als „Stellvertreter Gottes" zu respektieren und als unantastbar zu betrachten. Er wusste, dass ich so erzogen war, dass alles, was mit Sexualität zu tun hat, Sünde ist, und er wusste auch, dass ich in einen meiner Lehrer verliebt war. Dass daraus nichts werden kann, war mir natürlich bewusst, aber eine Verbundenheit zu diesem Lehrer pflege ich bis heute. Der Pfarrer kannte mich, seine geistliche Begleitung und sein Rat waren mir wichtig, gerade in besonders bedrängenden Situationen in-nerhalb der Familie.

Ich war 19 Jahre alt, stand kurz vor den schriftlichen Abi-Prüfungen. Es war der Vorabend vor meinem Vorstellungsgespräch für die Aufnahme in den Bewerberkreis für den Beruf der Gemeindereferentin, als ich nach dem Abendgottesdienst einen Gesprächstermin mit dem Heimatpfarrer hatte, um von ihm eine Rückmeldung zu bekommen, ob er mich für den Beruf geeignet fände. Damals waren es noch viel mehr Bewerber*innen, als angenommen werden konnten, und ich war nervös, ob ich es schaffen würde. Er meinte, im Vorraum der Kirche sei es so kühl und im Auto wäre es wärmer. Ich stieg ein und wir fuhren ein Stück. Dann hielt er an und umarmte, streichelte und betatschte mich. Ich war wie erstarrt – wie das Häschen vor der Schlange – und wollte nur noch weg, nach Hause. Später, daheim angekommen, habe ich noch in der Nacht meinen Religionslehrer, mit dem ich auch gut reden konnte, angerufen. Er war schockiert und wollte, dass ich es dem Bistum melde. Ich tat es nicht. Wem hätte man wohl geglaubt? Dem Pfarrer oder einer 19-Jährigen? Trotz des schrecklichen Erlebnisses ging ich zum Bewerbergespräch und wurde tatsächlich genommen.

Unmittelbar danach wollte ich ein klärendes Gespräch mit dem Pfarrer. Am Telefon bin ich abgeblitzt. Dann war Sonntag und er predigte über die Wange, die man hinhalten soll, um erneut geschlagen zu werden. Feindesliebe und Vergebung sei es, was das Verhalten eines Christen präge. Ich wusste, er meint mich. Einen Brief habe ich ihm geschrieben, er blieb ohne Antwort. Als es endlich zu einem Gespräch kam, sagte er, es sei doch nicht so gemeint gewesen. Wissend, dass ich für einen meiner Lehrer schwärme, meinte er, es sei nicht ungewöhnlich, dass Lehrer mit Schülerinnen ins Bett gehen würden. Dann würde er doch auch mal Mädchen berühren dürfen. Das Gespräch fand in der Sakristei statt und um mich zu schützen, setzte ich mich dazu auf die Ankleide.

Er kam mir auch in diesem Gespräch wieder viel zu nah, aber die Nähe endete an meinen baumelnden Beinen. Im Prinzip hätte ich zutreten können. Es wäre genau die richtige Höhe gewesen. Aber so war und bin ich halt nicht. Zum Abschied umarmte er mich, gab mir einen Kuss auf die Wange und meinte: „Jetzt sind wir wieder gut, ja?" Das alles war mir sehr unangenehm. Ich fühlte mich erneut völlig hilflos und ausgeliefert, denn ich brauchte sein Wohlwollen. Er musste das Zeugnis schreiben, das ich für die Bewerbung benötigte. Bevor ich mit dem Studium beginnen konnte, musste ich zwei Praktika in Teilbereichen der Gemeinde nachweisen. Einige Wochen arbeitete ich also im katholischen Kindergarten am Ort und ein paar Wochen im Pflegeheim. Im Kindergarten war ich in der Mittagspause manchmal allein, und ab und zu kam er vorbei. Ich hatte Angst, dass es erneut zu einem Übergriff kommen würde. In der gleichen Zeit habe ich zusammen mit einer anderen jungen Frau aus der Gemeinde Gebetszeiten vorbereitet und durchgeführt. Ich kam mit ihr ins Gespräch über das, was ich erlebt hatte, und sie hatte ähnliche Erfahrungen mit ihm gemacht. Bevor ich diese sexualisierte Gewalt erleben musste, hätte ich so etwas niemals innerhalb der Kirche für möglich gehalten. Erst im Rückblick habe ich das Schmierig-Kumpelhafte im Umgang mit uns Jugendlichen realisiert und die Hände des Stellvertreters Gottes ganz anders wahrgenommen.

Besonders schlimm war für mich, dass er mir signalisierte, dass es völliger Quatsch sei, was ich empfinde. Es wäre ja nichts passiert. Daraufhin habe ich selbst versucht, mir einzureden, dass mit meinen Gefühlen etwas nicht stimmt. Dies, damit ich in der Lage war, mich auf die Prüfungen weiter vorzubereiten ... – Ich hatte übrigens bis heute noch nie einen Freund. Und ich habe jahrelange Therapie gebraucht, bis ich ein wenig Nähe und Berührung zulassen konnte. Warum wohl?

Dem übergriffigen Priester bin ich an meiner ersten Gemeindestelle noch einmal begegnet. Er war Gottesdienstteilnehmer bei einer Eucharistiefeier. Nach dem Gottesdienst hat er meinem dienstvorgesetzten Pfarrer angeboten, ab und zu mal bei Gottesdiensten auszuhelfen. Als er weg war, habe ich getobt und gesagt, dass ich gehen werde, wenn es dazu kommen sollte. Mein Chef war völlig irritiert, weil er mich so nicht kannte. Ich erzählte ihm, was sein „Mitbruder" mir angetan hatte, und dann war klar, dass er niemals bei uns eingesetzt würde.

Da der übergriffige Pfarrer chronisch krank war, ist er früh gestorben. An meiner dritten Stelle als GR bekam ich den Auftrag zur Gräbersegnung an Allerheiligen, und es wurde mir gesagt, mit wem ich dazu Kontakt aufnehmen solle. Ich erschrak fürchterlich. Es war seine Schwester, und ich musste sein Grab segnen. Das war eine sehr schwierige Situation für mich ... Später bin ich allein nochmal zum Grab und hab ihn beschimpft.

Auch gegenüber Personalverantwortlichen habe ich im Lauf der Jahre darüber gesprochen. Einige haben Anteilnahme gezeigt. Aber nie wurde dabei die Notwendigkeit gesehen, etwas zu unternehmen. Das passt auch zu ähnlichen Geschichten, die mir Kolleginnen erzählt haben. Das Schlimmste an all diesen Vorgängen sind die Machtstrukturen und eine religiöse Erziehung, die den Mantel der Heiligkeit um die Priester herum kleidet. Ergänzt wurde und wird das alles in manchen katholischen Kreisen bis heute durch eine rigide Sexualmoral und die Methode, aus der Froh- eine Drohbotschaft zu machen.

Inzwischen passiert so einiges, vor allem seit 2010. Dass etwas passiert, bedeutet aber noch nicht, dass es gut ist in der konkreten Umsetzung. Derjenige, der bei uns im Bistum für die Präventionsschulungen zuständig war, hatte an den Falldarstellungen, die er erzählte, offensichtlich Ver-

gnügen. In wirklich schlimmem Jargon sprach er über Übergriffe. U. a. kamen auch statistische Informationen zur Sprache. Nach der Veranstaltung ging ich zu ihm und sagte: „Sie haben doch selbst gesagt, wie viele Menschen statistisch von Missbrauch betroffen sind. Und?! Wie viele Personen waren heute dabei und wie viele davon sind also statistisch gesehen Betroffene! Was glauben Sie, wie es Betroffenen geht, wenn sie sich anhören müssen, wie Sie über Übergriffe sprechen? Eine davon steht vor Ihnen. Die Art, wie Sie reden, ist völlig daneben." Nur Schweigen. Ich habe das dann auch im Ordinariat gemeldet. Er arbeitet nicht mehr in diesem Bereich.

Was ich erlebt habe mit 19, war furchtbar und lässt mich bis heute nicht los. Es war aber nicht die einzige Form von Machtmissbrauch, mit der ich im Laufe meiner Tätigkeit konfrontiert wurde. Immer wieder gab es Momente, in denen ich mir besonders verbal viel zu viel habe gefallen lassen. Es sind Momente, in denen ich wie damals völlig erstarre, wortlos zurückbleibe. Eine schreckliche Situation! Das Allerschlimmste war, das möchte ich noch einmal betonen: Ich habe mich selbst davon überzeugen wollen, dass ich nicht richtig fühle! Damit „tat/tue ich mir selbst abermals Gewalt an." Es ist schwer, über all das zu sprechen und zu schreiben, aber ich will es tun. Ich will den Finger in die Wunde legen und meinen Beitrag dazu leisten, dass dieser unerträgliche Machtmissbrauch in der Seelsorge aufhört.

Ähnliches hat eine andere Frau während des Studiums erlebt. Es hatte für sie nicht dieselben massiven psychischen Folgen. Sie ist eher wütend darüber, bis heute. Sie erzählt:

Bericht 7: Der Wolf

Als ich studierte, um Religionspädagogin zu werden, hatte ich während des Studiums mehrere Blockpraktika zu absolvieren. In meinem 2. Praktikum wohnte ich im Gästezimmer des großen Pfarrhauses, zusammen mit dem Pfarrer, einem kleinen drahtigen Mann, der Yoga liebte. Er bot Yogakurse an und zeigte dabei seinen Oberkörper in Anspannung und Entspannung. Ich fand das eigenartig, aber es war nicht irgendwie anzüglich. Als mir einmal die Haushälterin auftrug, ihm neue Unterhosen zu kaufen, fand ich das zwar schräg, vor allem von ihr. Als übergriffig habe ich ihn aber nicht erlebt. Unten im Pfarrhaus befand sich das Pfarrbüro. Die Sekretärin war eine kleinwüchsige Frau, die mich stets anfuhr und mich offensichtlich nicht leiden konnte. Warum ... die Erklärung gab mir der zweite Priester in der Gemeinde, der in der Schule arbeitete und in der Gemeinde Sonderaufgaben hatte. Er kam eines Tages – ich wusste bis dahin gar nicht, dass es ihn gab – ins Pfarrbüro und war Zeuge einer Auseinandersetzung zwischen ihr und mir. Er war ein großer, dunkelhaariger Mann, der freundlich und zugewandt wirkte. Ich mochte ihn sofort. Die Sekretärin wechselte augenblicklich in einen anderen Sprachstil und ihre Stimme wurde weich. Er war sehr freundlich zu ihr. Er stellte sich vor, schaute mich an, als sei er ehrlich erfreut, mich kennenzulernen. Wenig später traf ich ihn draußen und sagte, er habe ja erlebt, wie mich die Sekretärin anfahre, die mich offensichtlich nicht leiden könne. „Schauen Sie sich an", sagte er. „Sie sind groß, jung und schön. Und dann schauen Sie auf diese Frau." Ich hörte den ersten Satz, der mir schmeichelte. Und da hatte ich die Erklärung. Aber mehr noch hatte ich diese Aussage, dass mich jemand schön findet, bis dato niemals gehört.

117

Das war neu. Das tat mir gut. Karneval kam, auch der Gemeindekarneval. Der Pfarrer kam in Strumpfhosen, ich glaube mich zu erinnern, als Zwerg oder Eulenspiegel. Der zweite Priester kam als Westernheld mit Gitarre. Es wurde viel getanzt. Er tanzte kräftig mit. Immer wenn ein Tanz beendet war, wurden die Tanzenden aufgefordert, einander einen Kuss zu geben. Er tat auch das. Ich sah, wie eine verheiratete Frau sich ständig in seiner Nähe aufhielt und er sie offensichtlich „abblitzen" ließ. Sie stand dann an der Bar und ihr Mann auch. Beide verfolgten nun sein Tun mit ihren Blicken, aber beide sehr anders. Was war das? Später schlussfolgerte ich, dass sie ihm vermutlich eine Weile nahegestanden hatte. Als er mit mir tanzte, wollte er mich anschließend auf den Mund küssen. Ich wehrte ihn ab, sagte, er könne meine Wange küssen. In meiner Familie sei es nicht üblich, jemanden auf den Mund zu küssen. Ich würde das nicht mögen, schon gar nicht von einem Fremden. Wenig später fuhr eine Gemeindegruppe in die Oper und ich fuhr im Bus mit. Der zweite Priester fuhr auch mit. In der Pause setzte er sich zu mir, und wir sprachen ungezwungen miteinander. Ich fand ihn nach wie vor sympathisch. Sehr unvermittelt fragte er mich, ob ich eigentlich schon 18 Jahre alt sei, ich sehe so jung aus. Ja, sagte ich. Diese Frage gewann später Bedeutung. Ich war also keine Minderjährige.

An einem der kommenden Wochenenden waren wir als Pfarrgemeinderat zu einer Tagung in einem Weiterbildungshaus mit Übernachtung. Am Abend hatte es die üblichen Spiele gegeben und zum Ende des Abends hin stand ich mit ihm, einer Erzieherin und ihrem Bruder an der Theke. Er sagte dann, er müsse jetzt schlafen gehen und da er seinen Wecker vergessen habe, bitte er jemanden von uns, morgens an seine Tür zu klopfen und ihn zu wecken. Ich sagte zu. Als der Wecker rappelte und ich mich für den

Tag fertig gemacht hatte, ging ich über den Flur, klopfte an seine Tür und wartete auf eine Reaktion. Die Tür öffnete sich. Er zog mich ins Zimmer, schloss die Tür hinter mir, stand da im Schlafanzug und fing an mich zu umarmen … Ich fühlte mich unsicher. Er umfasste mich, vor mir stehend in Höhe meines BHs und sagte: „Sie tragen doch sicher keinen BH." Ich: „Doch, natürlich." Er begann mich zu küssen, nicht auf den Mund … Er roch nach Nacht. Seine Schlafanzughose war dünn … Da klingelte sein Wecker. „Das war geplant", dachte ich, löste mich von ihm und ging raus. Ich war völlig irritiert. Er brach dann nach dem Frühstück schon auf, weil er den Gottesdienst an diesem Sonntag in der Gemeinde feiern würde, da der Pfarrer, der auch bei der Tagung dabei war, mit uns feiern würde. Ich weiß sehr genau, dass ich mich fragte, wie er das jetzt kann, während ich nicht wusste, wohin mit meiner Scham. Als ich ihn in den nächsten Tagen nicht sah und nachfragte, sagte der Pfarrer, er sei zur Kur. Hatte er das alles geplant gehabt?

Ich begegnete ihm nur noch einmal, und als ich mich bald danach von der Gemeinde verabschiedete und auch diese Situation reflektierte, dachte ich, dass ich selbst schuld gewesen war, weil ich es auch genossen hatte, dass jemand in mir die Frau, das sexuelle Wesen gesehen hatte. Ich war 22 Jahre alt und noch nie begehrt worden. Ich schrieb ihm einen Brief, in dem ich ihm sagte, ich verzeihe ihm. Und erwähnte darin auch, was ich erstmals erlebt hatte. Das war ein Fehler. Ich brachte ihm den Brief vorbei und eine Figur mit Gitarre. Als ich abends in seine Wohnung ging, sagte er: „Sie sollten nicht hier sein. Meine Mutter hört Sie." Und er schickte mich weg. Einige Zeit danach verliebte ich mich in einen Kommilitonen. Der Priester meldete sich, dass er zum Priesterrat müsse und gerne hernach mit mir zum Essen fahren würde. Ich sagte zu, stieg in *sein Auto, und wir fuhren in ein Restaurant erster Klasse. Ich konnte fast gar nichts essen. Ich erzählte, dass ich mich verliebt hätte. Auf dem Rückweg legte er seine Hand auf mein Knie. Ich sagte, er solle seine Hand an das Lenkrad legen und mich sicher heimbringen. Meiner Freundin, mit der ich damals in eine WG zog, erzählte ich von diesen Begebenheiten. Der Priester meldete sich erneut, ob er mich besuchen könne. Meine Freundin und ich überlegten, dass wir ihn zusammen fragen wollen, was er sich eigentlich bei solchen Aktionen denkt. Also sagte ich zu. Mit meiner Freundin hatte er nicht gerechnet. Er schaute erstaunt, aber dann nahm er auf unserer Couch Platz und entspannte sich. Nach Small-Talk fragte ihn meine Freundin, wie er eigentlich den Zölibat definiere. Er sagte: Zölibat ist Ehelosigkeit. Was heißt das für sexuelle Aktivitäten, wollte meine Freundin wissen. Er meinte, die seien alle möglich, nur die Ehe nicht. Genau weiß ich nicht mehr, was wir dann noch gesagt haben, aber er spürte, dass er nicht willkommen war, ging und meldete sich nie wieder. Als ich erstmals von dieser Geschichte erzählte, wurde mir gesagt, dass ich es doch forciert hätte, weil ich mich geschmeichelt gefühlt hätte und das auch noch aufgeschrieben hatte. Vom Ende her betrachtet fühlte ich mich benutzt und ausgenutzt. Deshalb schreibe ich auch die Überschrift: Der Wolf. Ich bin überzeugt, dass er sich „bediente", wo er konnte, und dabei ausschloss, dass ihn jemand wegen Missbrauchs Minderjähriger anklagen konnte. Soweit ich weiß, ist er inzwischen verstorben. Ich habe vermutlich Glück gehabt und einen inneren Zensor. Dafür bin ich dankbar.*

Neben Berichten zu handgreiflich erlebten Übergriffen wurde erzählt, dass in Klerikerkreisen bisweilen sexistische Witze erzählt werden und dass es immer wieder zu verbalen sexuellen Belästigungen gegenüber vor allem jungen

Kolleg*innen kommt. Eine Kollegin erzählte folgende für sie sehr unangenehme Begebenheit:

„*Der leitende Pfarrer unseres Seelsorgebezirks brachte mich in Situationen, die ich als unangenehm und grenzverletzend empfand. Gleichzeitig war nichts so offensiv, dass ich mich getraut hätte, mich zu beschweren. Er hatte sich eine Sauna einbauen lassen und traf sich dort wöchentlich mit einem hochrangigen Kleriker aus dem Bereich der Bistumsleitung. Es liefen mir also immer wieder mal die beiden Männer mit Bademänteln über den Weg und der Besucher wollte mir regelmäßig Cognac aufdrängen. Nicht nur ein Glas, ich spürte, dass er mich abfüllen wollte. Ich fühlte mich belästigt, aber wer hätte mir geglaubt? Hätte ich was gesagt, wäre ich die Dumme gewesen.*"

Ein weiterer Bericht handelte davon, wie eine Kollegin bis heute darunter leidet, dass sie in Vertuschungshandeln hineingezogen wurde. Erst etwa zwei Monate nach Ankunft eines Ruhestandspriesters in ihrem Seelsorgebezirk kam die Information aus dem Generalvikariat, dass dieser Priester nicht in der Kinder- und Jugendarbeit eingesetzt werden dürfe. Gleichzeitig wurde versichert, dass dies nur aus Sorge vor der Presse angewiesen werde. Es sei aber ganz bestimmt nichts dran, an evtl. Gerüchten. Man möge ihnen, den Leitungsverantwortlichen, bitte vertrauen. Ebenso äußerten sich Supervisoren, die damals mit dem Pastoralteam arbeiteten. Da die Kollegin für die florierende Jugendarbeit im Seelsorgebezirk verantwortlich war, blieb sie misstrauisch. Dies führte dazu, dass sie zum/zur Personalverantwortlichen bestellt wurde. Ihr wurde gesagt, dass sie wohl aus Kindheitstagen ein Problem habe zu vertrauen. Sie möge dies bitte bearbeiten, um eine gute Seelsorgerin sein zu können. Einige Zeit später wurde zunächst durch die Presse und dann durch eines der Missbrauchsgutachten offensichtlich, dass es sich um einen seit Jahrzehnten immer wieder versetzten Missbrauchstäter handelte. Im Interview sagte sie:

„Zuerst hieß es: ‚Vertraue uns doch!' Und als ich dazu weder bereit noch in der Lage war, wurde ich „verkrankt". Bis heute bin ich voller Sorge, ob einem ‚meiner' Kinder und Jugendlichen etwas passiert ist."

Die bisherigen Fälle spielen alle im pastoralen Alltag. Sie zeigen auf, dass das, was in der Kirche an Machtmissbrauch geschieht, nicht einfach dasselbe ist wie das, was in anderen beruflichen Zusammenhängen geschieht. Das Priestersein der Vorgesetzten und das Eingebundensein aller Mitarbeitenden in ein klerikal-hierarchisch-männliches System, in dem manches auch gerne mit dem Willen Gottes begründet wird, ermöglicht eine Art von Missbrauch, die eine besondere „Qualität" hat. Ein Pastoralreferent, der selbst ein Buch schreiben könnte über persönliche Erfahrungen mit Machtmissbrauch, über extreme Geschichten, gerade auch was sexualisierte Gewalt durch Kleriker angeht und darüber, wie schwer es ist, Gehör zu finden, wenn man Missstände aufdecken will, äußerte mir gegenüber seine Überlegungen zur Rekrutierung von pastoralem Personal.

„Das Problem beginnt bereits im Studium und der Berufseinführung", so sagte er. *„Die ganze Berufungsthematik hat viel mit Macht zu tun. In Bewerberkreis und Mentorat fühlt man sich als eine Art Peergroup und es gibt gleichzeitig ein Beobachtersystem. Trotz Gruppenzugehörigkeit schaut jede*r nach sich: „Bin ich loyal genug? Bin ich richtig? In welche Vorlesung geht jemand? Bei wem schreibt man Arbeiten – bei einem liberalen Prof. oder bei einem traditionalistischen? Sofort wird man einsortiert. In Werkwochen und beruflichen Veranstaltungen ist man ständig unter Kontrolle, man lernt, sich korrekt zu verhalten. Und: Nichts davon ist wirklich transparent! Die*

Frage ist: Bist du berufen, du als Einzelperson oder nicht? Gegenüber angehenden Priestern ist alles noch extremer als bei Lai*innen. Irgendwann wird einem gesagt: Du bist berufen! Die gemeinschaftliche Berufung, das Christsein leben im Miteinander spielt keine Rolle. Genau dadurch wird im System grundgelegt, dass Teamarbeit nicht funktionieren kann. Gehorsam mit Spiritualitätsaspekt, Macht spiritualisiert als Dienst. Nicht nur Priester, auch Lai*innen, und zwar katholikale wie liberale kommen daher im Verkündigungsmodus nach dem Motto: „Ich bin berufen, euch zu sagen, wo es lang geht."[1]

Die bisherigen Beispiele könnten durch viele weitere Geschichten aus den Interviews und den Antworten in der Umfrage ergänzt werden. Es handelt sich nicht um Einzelfälle, es sind Folgen eines Systems, das trotz aller guten Pastoral, die es unbestritten gibt, unvorstellbar viel Schaden anrichtet.

Eine letzte Erfahrung soll das Kapitel 3 abschließen. Erzählt wird sie von einer Kollegin, die unter „normalen Umständen" wie viele andere von einem schwierigen Vorgesetzten, mangelnder Kommunikation, Machtspielchen und Problemen mit der Leitungsebene hätte berichten können. Was die Geschichte von den anderen unterscheidet: Sie zeigt auf, was in einem in sich schon schwierigen System geschieht, wenn eine unvorhergesehene Krisensituation eintritt. Sie gibt Einblicke in dadurch verursachte massive psychische Belastungen und sie ist ein Beispiel für problematische Vorgehensweisen auf der Ebene der Personalverantwortlichen einer Diözese.

Im Interview erzählte die Kollegin zunächst von ihrem Neuanfang an einer Stelle in einem Seelsorgebezirk während der Zeit der Pandemie. Abgesehen von den Schwierigkeiten dieser Phase an sich fühlte sie sich nicht willkommen. Der dienstvorgesetzte Pfarrer führte sie nicht in die Gemeinden und ihre Arbeitsbereiche ein, und es gab nur sehr wenig Austausch im Pastoralteam, zu dem ein weiterer Priester und eine pastorale Mitarbeiterin gehörten. Mit Hilfe ihrer Vorgängerin gelang es ihr, Kontakte zu knüpfen. Dann stand eine Urlaubsreise bevor, auf die sie sich freute. Danach, so hatte sie sich vorgenommen, wollte sie im Pastoralteam die Notwendigkeit einer besseren Zusammenarbeit thematisieren. Im weiteren Verlauf des Interviews erzählte sie von den unvorhersehbaren, schlimmen Ereignissen zu Beginn ihres Urlaubs und erwähnte, dass sie all das auch bereits auf 160 Seiten niedergeschrieben habe. Interviewerin und Interviewte vereinbarten, diesen Text als Grundlage für den Buchbeitrag zu nutzen. Originalzitate aus diesem Bericht sind im Folgenden *grotesk und kursiv* gesetzt. Die gekürzte Fassung wurde in gegenseitiger Rücksprache verfasst und von der Betroffenen als ihr Text autorisiert.

Bericht 8: In Krisenzeiten

„Es ist Montag, der 5. Juli 2021 und es ist die letzte Woche vor meinem Urlaub. Nächste Woche hat mein Mann beruflich in Berlin zu tun und ich begleite ihn ... Noch ahne ich nicht, was an diesem Tag geschehen wird. Noch kann sich niemand auch nur in seinen kühnsten Träumen ausmalen, wie sich die Welt verändern wird."

So beginnen meine Aufzeichnungen zu dem, was ich ab Juli 2021 erleben musste. Auf 160 Seiten habe ich es niedergeschrieben. Ich war damals seit einem Jahr als Gemeindereferentin in einem Seelsorgegebiet im Westen Deutschlands tätig. Ein Neubeginn in der Pandemie war nicht einfach gewesen und mein dienstvorgesetzter Pfarrer hatte es mir nicht leicht gemacht. In den Tagen vor dem Urlaub sprach ich mit meiner Kollegin darüber, dass wir die Kommunikation im Team verbessern sollten.

Doch nun freute ich mich auf den Urlaub und meine Töchter freuten sich auf sturmfreie Bude und eine Party am 14. Juli 2021. In Berlin schien die Sonne, als unsere Kinder uns ein Foto mit einem Feuerwehrwagen schickten, der sich um einen Wasserschaden im Ort kümmerte. Dass es ein Unwetter geben würde, davon hatten wir gehört. Gegen 20.00 Uhr meldeten sie, dass im Keller 20 cm Wasser stehe. Der Strom sei ausgefallen. Ich war sehr besorgt, gab Ratschläge und war froh, als sie sagten, dass sie es mit Helfern in Griff bekommen. Am nächsten Tag kam eine Hiobsbotschaft nach der anderen. Die Flut hatte unseren Seelsorgebezirk voll erwischt, die Brücke war eingestürzt, Hubschrauber retteten Menschen, die Autobahn war unbefahrbar, überall Schlamm, Schutt und Chaos. Ausnahmezustand und zunächst keine Chance heimfahren zu können. Am Samstag fuhren wir auf Umwegen nach Hause, auf 125 dem Anhänger nicht mehr unsere Fahrräder, sondern mehrere Bautrockner. Nach unserer Ankunft, drei Tage nach der Flut, ging ich abends durch unseren Ort:

Was für eine Katastrophe! Was für eine Zerstörung! Hier sieht es aus, als wären Bomben gefallen, als hätte ein Krieg getobt! Einige Menschen sitzen vor ihren Häusern, Müllberge türmen sich auf den Straßen, die mit Schlamm bedeckt sind. Es riecht muffig und feucht. In den Straßen herrscht das Chaos, man kann an den Häusern sehen, wie hoch das Wasser stand, teilweise bis unter die Decke! Es gibt keinen Bäcker, keinen Metzger, kein Schreibwarengeschäft, keinen Optiker, kein Eiscafé mehr, die Post stand unter Wasser und auch die Apotheke unseres Nachbarn. Der Bach fließt ruhig durch den Ort, als sei nichts gewesen.

Am nächsten Tag ging ich zunächst zum Pfarrheim. Eine ehrenamtliche Frau (Frau B.) hatte dort das Kommando übernommen und stand mit meinem Chef in Kontakt. Ich erfuhr, dass er erst am Mittwoch zurückkommen wollte, meine Kollegin war aus dringenden familiären Gründen nicht da. Ich beschloss, meine Notfallweste anzuziehen, mit der ich überall rasch durchkomme. Es gab mehr als genug zu tun. Am 19. Juli hatte ich Geburtstag, mein Chef rief an und gratulierte. Ich erzählte ihm, dass der Nachbarort U. noch nicht erreichbar sei und dass es dort Tote gegeben hat. Er habe noch Termine und käme am Mittwoch, sagte er. Ich verstand das nicht! Für die Caritas und das Bistum war ich sofort Ansprechperson des Seelsorgeteams geworden. Mein Chef hielt nur Kontakt mit Frau B., die sich um Pfarrheim und Kirche kümmerte. Mir war klar: Ich will und muss andere Prioritäten setzen. Permanent war ich am Organisieren, packte mit an und führte, wo immer nötig, seelsorgliche Gespräche mit Menschen, die alles verloren hatten, zusammen mit alten Eltern nur noch schwimmend ihr Haus hatten verlassen können, völlig verzweifelt waren. Am Mittwoch wollte ich in den Ort (U.), den es besonders hart getroffen hat. In vielen Häusern stand meterhoch kontaminierter Schlamm, von einer Frau hörte ich, dass sie bei der Rückkehr in ihr Haus mehrere tote Kinder in ihrer Garage gefunden hatte. Frau B. war immer noch am Pfarrheim und bestimmte zunächst, dass weder die Kirche noch die Toiletten im Pfarrzentrum benutzt werden durften und besorgte später stolz Schmutzfangmatten. Ich schämte mich, bei der katholischen Kirche zu arbeiten.

Ein Kollege des Krisenstabs auf Bistumsebene meldete sich auch an dem Tag und wollte wissen, wie die Lage sei. Ich sagte: „Es ist katastrophal, total chaotisch, die Strukturen entstehen zufällig und der leitende Pfarrer ist in Urlaub!" Am Abend traf ich meinen Priesterkollegen, der den ganzen Tag in U. gewesen war. Er wirkte unendlich erschöpft. Ich will wissen, wie die Situation in U. ist. Er schüttelt mit dem Kopf und stammelt nur halbe Sätze vor sich hin: „... Alles voller Schlamm ... alles zerstört ... die Menschen sind verzweifelt." Verzweifelt ist er selber wohl auch, er hat bestimmt viel Schlimmes gesehen. Ich nehme ihn kurz in den Arm und dann sage ich zu ihm: „Sollen wir morgen mal tauschen?" Er willigt ein und dann schicke ich ihn nach Hause: „Du musst dringend schlafen und dich ausruhen, der Tag war heute lang für dich. Wann hast du zuletzt was gegessen?" Ich hoffte sehr auf die Rückkehr meines Chefs und die Möglichkeit eines Dienstgesprächs.

Mein Chef kam am Mittwoch nicht und ich verbrachte den Großteil des Donnerstags in U. Plötzlich schickte er eine WhatsApp und gab die Anweisung, dass wir am Abend, wie überall im Bistum, die Glocken läuten lassen sollten. Wie denn bitte – ohne Strom? Er hatte wohl keine Ahnung, was hier wirklich zu tun war: Verzweifelte Menschen trösten, 1000 Dinge organisieren und Entscheidungen treffen, die zum Teil meine Kompetenzen überschreiten. Es war laut, überall fuhren Bagger und Müllautos, meine Mailbox lief über, ich konnte nicht mehr alles abarbeiten. Ich zitterte, lief auf eine Wiese, auf der es ruhig war, ließ mich fallen und weinte. Mein Mann kam mir nach. Das Telefon klingelte, ich warf es weg, mein Mann ging ran. Es war jemand vom Bistum, der irgendwas wollte. Mein Mann schrie ins Telefon: „Meine Frau kann nicht mehr! Kann hier endlich mal jemand kommen, der Entscheidungen treffen kann!" Nach einer Weile ging es wieder, ich erledigte noch einiges und war dann froh, mich daheim ausruhen zu können. Wir saßen im Garten, ich schon im Schlafanzug, die Sonne ging unter und da kam mein Chef angefahren. Ich ging kurz ins Haus, um mir was anzuziehen, und als ich zurückkam, war er weg. Mein Mann hatte ihn weggeschickt und ihm gesagt, dass ich am Freitag einen Ruhetag einlegen würde. Das tat ich und auch am Samstag schlief ich lange.

Meine Mailbox war so voll, dass ich sie nicht anrührte. Wer mich dringend braucht, so dachte ich, der wird es nochmal versuchen. Eine Nachricht, die schlimme Folgen für mich haben würde, habe ich dadurch verpasst. Mit neuer Kraft ging ich wieder nach U. Ich traf den Weihbischof, der mich beauftragt hatte, und wir sprachen freundlich miteinander. Plötzlich tauchte mein Chef auf, erwiderte meinen Gruß nicht, der Weihbischof verabschiedete sich und ging weg. Ob er noch mitbekommen hat, was dann passierte, das weiß ich nicht. Jedenfalls stand nun mein Chef vor mir, ohne Gruß, ohne Nachfrage oder gar Dank für meinen Einsatz und ohne zu sagen, er wolle etwas mit mir besprechen. Er sagte nur: „Sie gehen jetzt sofort nach Hause!" Seit meinem Geburtstag hatte er sich nie mehr gemeldet, auf keine meiner Nachrichten reagiert. Und nun so! Ich war perplex und wütend, schlug vor, es am nächsten

Tag erneut mit einem Gespräch zu versuchen, und wandte mich ab. Eine Plastikschale mit Essen hielt ich in den Händen. Er ließ mich nicht gehen, sondern packte mich an meinem Rucksack und hielt mich fest. In meinen Notizen steht:

Dann merke ich, wie ich zurücktaumele, mindestens zwei Schritte falle ich zurück und versuche mich zu halten. Ich habe Angst und spüre einen Schmerz in meiner rechten Hüfte, die mir im Alter von 14 Jahren in einer aufwändigen Operation korrigiert wurde. P. zieht mich an meinem Rucksack, er will mich mit Gewalt zurückhalten. Der Rucksack rutscht mir von der Schulter und dann stehen wir uns wieder gegenüber, er hält die Gurte immer noch fest. Ich sehe den blanken Hass in seinen Augen und ich sehe seine Hände, die er zur Faust geballt hat. Ich habe Angst! Mein Gott, der schlägt gleich zu! „Sie lassen mich jetzt sofort los!" Das hat gewirkt. Er zuckt einmal zusammen. Erwacht der gerade aus einer Art Trance? Das ist ja unheimlich, gruselig! Seine Fäuste öffnen sich, sein Griff am Gurt lockert sich und ich bin wieder frei. Seine Augen sind immer noch kalt und starr auf mich gerichtet. Eine Zehntelsekunde bin ich wie gelähmt und kann nicht weitergehen.

Dann ging ich weg, konnte hier und da noch etwas helfen und kam in einer Kirche zur Ruhe. Beim Verlassen der Kirche stand mein Chef erneut unvermittelt vor mir: „Sie gehen jetzt sofort nach Hause! Das ist eine dienstliche Anweisung!" Ich erschrak, bekam Angst und lief weg. Er schickte eine WhatsApp: „Ich habe das Bistum informiert! Sie brauchen ein ähnliches Attest." Ich war völlig durch den Wind. Was war los? Was wollte er? Hatte er mir hinter der Kirchentür aufgelauert? Ich verstand nicht sofort, dass er wohl „ärztliches Attest" meinte.

Die nächsten Tage ging es ähnlich weiter wie zuvor. Gespräche, Organisation, immer wieder auch mal Probleme wegen unglücklicher Vorgehensweisen von Frau B. und meines Vorgesetzten, mein eigenes Zuhause war eine Baustelle. Ein Direktkontakt zwischen mir und meinem Chef fand nicht statt.

Gut eine Woche später erhielt ich einen Brief der Personalabteilung mit dem Betreff „Überlastungsanzeige". Mir wurde für meinen Einsatz gedankt und gleichzeitig wurde ich dafür gerügt, denn der Vertreter des Pfarrers sei der zweite Priester gewesen. Derjenige, den ich heimgeschickt hatte, weil er nicht mehr konnte! Wie ich später erfuhr, hatte niemand gewusst, dass er seitens des Bistums zum Verantwortlichen bestimmt worden war. Im Schreiben stand, die Reaktion meines Mannes wäre als Überlastungsanzeige betrachtet worden und ich hätte weder auf eine Rückrufbitte meines Personalzuständigen (W.) noch auf einen Anruf meines Chefs reagiert. Auf meinem Smartphone war kein Anrufversuch mit Bistumsnummer zu finden. Es musste wohl eine der unzähligen Mobilnummern gewesen sein, die ich nicht mehr hatte abrufen können. Mein Chef hatte nicht versucht anzurufen, von ihm waren nur Whats-App-Nachrichten im Seelsorge-Gruppenchat. Ich begriff langsam, dass es vor neun Tagen wohl ein Telefonat zwischen W. und meinem Chef gegeben hatte, von dem ich nie etwas erfahren hatte. Das Schreiben strotzte vor Falschinformationen, die wohl mein Chef so angegeben hatte. Ein Rückruf bei W., der mal mein Mentor gewesen war, ergab nur, dass ich zum im Brief bereits angekündigten Gesprächstermin im Ordinariat erscheinen solle.

In den Tagen danach fühlte ich mich extrem erschöpft und mein Arzt hat mich krankgeschrieben. Ich bekam Bescheid, dass der Termin im Ordinariat Ende August stattfinden wird, ich hörte endlich alle Nachrichten der letzten Wochen ab und stellte fest, dass neben dem Personalbeauftragten auch der Bischof zweimal angerufen hatte. Ich bedankte mich per Mail bei ihm, berichtete von einigen Schwierigkeiten in der Zeit nach der Katastrophe, erwähnte aber meine Situation nicht. Eine Antwort erhielt ich nicht. Ich bekam mit, dass mein Chef sinnloserweise Einladungen zu Präventionsschulungen versandt hatte, die ich hätte leiten sollen. Die Leute hatten nun wirklich andere Sorgen und ich bekam eine Menge Beschwerdeanrufe. Und das war nicht das Einzige, was durch meinen Chef eher komplizierter als klarer wurde. U. a. verteilte er Spendengelder ohne Belege, ohne System und ohne Absprache mit Verwaltungsrat oder Behörden. Ein paar Tage nach dem Ordinariatstermin sollte ich bei der Caritasberatungsstelle erfahren, dass er jegliche Kooperation mit der und Unterstützung durch die Caritas abgelehnt hatte. Wie vielen Menschen hätte geholfen werden können durch mehr Synergie!

Zum Termin ins Ordinariat hat mich mein Mann begleitet. Wir wurden kurz begrüßt, in einen imposanten Raum geführt und dort ließ man uns warten. Ich war extrem nervös. Verspätet kam W. zusammen mit meinem Chef grinsend den Flur entlang. Mein Mann wurde weggeschickt. Dass ich mich allein auf das Gespräch eingelassen habe, ohne ihn und auch ohne MAV-Unterstützung, das war ein Fehler. Ich habe keine Zeugen für das, was dann geschah: Ich berichtete vom 22. Juli, dem Tag, an dem mein Mann den Hilferuf abgesetzt hatte. Ich erzähle u. a. von meinem Organisieren, von den Seelsorgegesprächen, vom Stress, Querdenker in Schach zu halten, von meinem erfolgreichen Mühen, einen Suizidgefährdeten von seinem Vorhaben abzubringen, und davon, wie mich das Eintreffen meines Chefs am späten Abend überrascht hatte. Ich berichte von der Begegnung mit dem Weihbischof, von der unvermittelten Ansage meines Chefs und davon, dass er handgreiflich *wurde. Mein Chef (P.) hörte zu, schüttelte verächtlich den Kopf und lachte: Er habe mich doch nur schützen wollen. Nur sacht habe er am Rucksack gezogen und schlicht aus Sorge um mich habe er sich an das Bistum gewandt. Der Personalverantwortliche sagte:*

„Nun versetz dich mal in die Lage von P. Wie, denkst du, hat dein Verhalten auf ihn gewirkt? Warum hast du kein Vertrauen zu deinem Dienstvorgesetzten? Er wollte doch nur das Beste für dich!" Und zu meinem Chef sagte er: „Können Sie mal ihre Gefühle beschreiben, als Frau A. sie einfach so stehen gelassen hat? Sie waren doch bestimmt zornig, wütend und verzweifelt." Und dieser antwortete: „Ja, ich war zornig, wütend und verzweifelt." Und so ging es weiter und in mir war nur noch: Kein Vertrauen! Ich bin schuld, ich hätte einfach nur blind vertrauen sollen und P.s Anweisung ohne zu hinterfragen befolgen sollen. / Ich bin schuld, ich habe P. ignoriert, da muss ich mich nicht wundern, wenn er mich so begrüßt. / Ich bin schuld, ich habe seine Gefühle verletzt.

Es spielte keine Rolle, was ich geleistet hatte, es spielte keine Rolle, dass mein Chef im Ausland geblieben war, dass ich oft kein Netz oder auch keinen Strom gehabt hatte und nicht mehr in der Lage gewesen war, alle Nachrichten abzuhören. Erklärungsversuche meinerseits liefen ins Leere. Falls ich einen körperlichen Übergriff anmahnen wollte, dann müsse ich das schriftlich tun. Im weiteren Verlauf unterstellte mir mein Chef Dinge, die ich nie getan oder gesagt hatte, und als ich ihm dann verärgert den Vorwurf gemacht habe, dass er sich weder in den Tagen nach der Katastrophe noch als ich krank war, jemals bei mir gemeldet hat, da sagte der Personalverantwortliche: „Das ist ja unmöglich, wie du dich hier aufführst!" Und gegen Ende: „Von einer Abmahnung sehen wir nochmal ab." Der gesamte Schriftverkehr und das heutige Protokoll kämen allerdings in meine Personalakte. Obwohl mein Chef sagte, dass er nicht mehr mit mir zusammenarbeiten wolle, wurde uns Teamsupervision empfohlen. Außerdem wurde uns auferlegt, über das Gespräch zu schweigen. Auch meinem Mann dürfe ich kein Wort davon erzählen! Ich habe mich daran gehalten, P. nicht. Bei der nächsten Begegnung im Pastoralteam wussten alle Bescheid – über seine Sichtweise.

Was danach geschah, war keine Entspannung, Verbesserung oder gar ein Neuanfang. Es wurde noch viel schlimmer und ich gebe hier nur einen kleinen Einblick: Wenige Tage nach dem Gespräch hat es mich voll erwischt: Weinkrämpfe, Angstzustände, Panikattacken, Pfeifen in den Ohren, extremste Geräuschempfindlichkeit, Stress-Streit mit meinem Mann, Alpträume, Existenzängste wegen drohendem Arbeitsplatzverlust ... Ich konnte nicht mehr und wollte meinem Supervisor auf die Mailbox sprechen, dass ich den nächsten Termin absagen muss. Wie durch ein Wunder ging er ans Telefon, kam kurz danach zu mir nach Hause, hörte zu und sagte am Ende: „Ich glaube, Sie leiden unter einem posttraumatischen Belastungssyndrom."

Aus. Vorbei. Er hat es geschafft. Er hat gewonnen. Kurzschluss.

Der dritte Teil meiner Aufzeichnungen trägt die Überschrift: Der Katastrophenfall.

In meinen Aufzeichnungen beschreibe ich meine Gefühle. Ich schreibe von meiner tief verletzten, vergewaltigten Seele. Ich schreibe von meinen Tränen und meiner Verzweiflung. Es dauerte, es dauerte monatelang. Ich war krank. In meinen Alpträumen war ich immer wieder in dem imposanten Raum im Ordinariat und wurde bedroht. Ich überprüfte mehrmals täglich, ob die Haustür abgeschlossen war, ich wagte mich nicht allein aus dem Haus, war unfähig, mir und der Familie etwas zu essen zuzubereiten. Ich begann eine Therapie, es ging mir langsam besser. 133

Ich konnte meinen Alltag wieder bewältigen und in die Zukunft schauen. Mein Kampfgeist erwachte wieder, ich konnte mich daran erfreuen, mit wie vielen Menschen ich freundschaftlich verbunden bin. Wie die Menschen nach der Flutkatastrophe entrümpeln mussten, begann ich, mein Inneres zu entrümpeln. Traumabewältigung und Trauerprozess in einem. Ich erkannte, dass ich nicht mehr als Gemeindereferentin bei diesem Bistum arbeiten konnte. Ich beauftragte eine Anwältin, die mit dem Bistum verhandelte, um eine Abfindung zu erreichen. Das Bistum verzögerte und verzögerte. Das machen die immer so, ich weiß es, andere haben mir ähnliches berichtet. Gleichzeitig begann ich Bewerbungen zu schreiben. Als ich nach langer Zeit mal wieder die Homepage meines Seelsorgebezirks aufrief, sah ich, dass dort der Öffentlichkeit mitgeteilt wurde, dass ich seit Monaten krankheitsbedingt nicht erreichbar sei. Ein Verstoß gegen den Datenschutz und für interessierte Arbeitgeber garantiert ein Grund, mich nicht einzustellen. Meine Anwältin erreichte, dass die Information von der Homepage genommen wurde. Dann wurde ich tatsächlich zu einem Bewerbungsgespräch gebeten. Sie hatten gelesen, dass ich langzeitkrank bin, und ich war einfach ganz ehrlich. Ich war mir sicher, dass ich keine Chance haben würde, doch das Gegenteil war der Fall: Ich bekam eine Zusage! Ein Sechser mit Zusatzzahl im Lotto! Nur, wie sollte ich aus dem Vertrag mit dem Bistum rauskommen? Ich entschied, auf die zu erwartende Abfindung im fünfstelligen Bereich zu verzichten. Ich kündigte. Meine Anwältin musste sich nochmal einschalten wegen Auszahlung des Resturlaubs und für den Erhalt eines ordentlichen Arbeitszeugnisses. Als ich Menschen in der Gemeinde von meinem Entschluss erzählte, merkte ich, wie vielen mein Dasein wichtig gewesen war. Rückblickend bin ich dankbar für alle meine persönlichen Fluthelfer:

Eines haben alle gemeinsam: Ohne sie hätte ich das alles nicht schaffen können. Jesus begleiteten auf seinem letzten Weg, dem Kreuzweg, auch Menschen, ohne die er vielleicht diese Challenge nicht gemeistert hätte. Alle Menschen, die Jesus begleitet haben, standen auch mir zur Seite. Ich durfte sie kennenlernen, darauf bin ich sehr stolz. Es gibt die „Veronicas", die einem mit ihren Schweißtüchern Ansehen und Würde zurückgeben; dazu gehören Menschen, die mir Mut gemacht haben. Es gibt die „Simeons", die unterstützen und beim Tragen helfen; dazu gehören mein Supervisor und mein Therapeut. Es gibt die „Marias", die Menschen, die da sind mit ihrer Liebe und ihrer Treue; dazu gehören meine Freunde, meine Kinder und mein Mann. Es gibt aber auch die, die weglaufen und nicht mit der Situation klarkommen. Auch solche Menschen könnte ich namentlich benennen. Und es gibt die Soldaten, die im System gefangen sind und Befehle ausführen müssen. Man hat sie mit Macht ausgestattet und damit rechtfertigen sie ihr Verhalten; dazu zähle ich Mitarbeiter in der Personalabteilung. Es gibt die Menschen am Straßenrand, die lachen und mit dem Finger auf einen zeigen, aber die tauchen nie mehr in der Bibel auf und deshalb müssen sie auch hier keine Bedeutung mehr haben. Meine Wunden sind zwar verheilt, die Narben sind aber noch sehr dünn und werden für immer bleiben. Das ist gut so, denn sie werden mir helfen, die „Veronicas", „Simeons" und „Marias" von den anderen Menschen frühzeitig zu unterscheiden, weil sie mich schmerzlich warnen werden.

Diese Kollegin hat eine Extremsituation erlebt. Sie hat ihre ganze Kraft eingesetzt und sie hat auch selbst professionell realisiert, an welchem Punkt sie sich Ruhe gönnen musste, und sie hat es getan. Der Übergriff erfolgte unmittelbar nach dieser Ruhephase. Sie hatte wieder die Kraft, zu helfen, aber sie hatte nicht die Kraft, sich in dem Moment zu wehren und ein klärendes Gespräch einzufordern. Alle

Beteiligten befanden sich an dem Tag in einer Ausnahmesituation. Was mehr erschreckt als dieser Moment, ist der Umgang der Personalverantwortlichen mit dem Gesamtvorgang und mit ihr. Selbstverständlich wäre gewesen, mit ihr ohne den Vorgesetzten ein Gespräch zu führen. Es hätte selbstverständlich sein müssen, ihr anzubieten, eine Person ihres Vertrauens hinzuzuziehen und auf Wunsch auch jemanden von der MAV. Das, was geschah und wie auch im Folgenden gehandelt wurde, ist unentschuldbar. Möglicherweise war es keine Ausnahme, was sie erlebt hat? Ein Kollege erzählte eine ähnliche Geschichte von der Flutkatastrophe, dem urlaubsbedingt abwesenden leitenden Priester und seinem eigenen unermüdlichen Einsatz in diesen Tagen. Viele in der Gemeinde bedankten sich sehr, sein Chef sagte bei seiner Rückkehr dazu kein Wort. Dieser Kollege erzählte viele Beispiele von Abwertung aufgrund der nicht vorhandenen Weihe. Auf die Frage, welche Erfahrung für ihn die schlimmste gewesen sei, antwortete er:

„Das Schlimmste für mich war ein Erlebnis ein Jahr nach der Flut: Die Gemeinde und die evangelischen Kollegen hatten mich gebeten, in Folge meiner Rolle als Seelsorger in der Katastrophe, den ökumenischen Gedenkgottesdienst mitzugestalten. Mein vorgesetzter Pfarrer entschied, dass er es übernimmt, denn bei so etwas müsse dann schon der Pfarrer kommen."

So schließt sich der Kreis zum ersten Bericht, zu Frau „NUR".

Kapitel 4
Reflexionen aus Fachperspektiven

Die Informationen und Ergebnisse, die in Kapitel 1–3 dargelegt sind, wurden Fachpersonen zur Kenntnis gegeben, verbunden mit der Bitte, dazu aus ihrer Kompetenz und Perspektive einen Beitrag zu verfassen. Diese Beiträge folgen nun in Kapitel 4.

4.1 Die Sorge der Personalabteilung

Regina Seneca

Die ersten drei Kapitel dieses Buches mit den Ergebnissen der Studie und den Erfahrungsberichten Betroffener werden in diesem Beitrag aus meiner Perspektive als Personalentwicklerin und Führungskraft einer Personalabteilung betrachtet. Seit einem Jahr leite ich gemeinsam mit meinem Kollegen gleichberechtigt im Tandem die Hauptabteilung Pastorales Personal. Unsere Hauptabteilung trägt die Personalverantwortung für alle pastoralen Mitarbeiter:innen (Priester, Diakone, Gemeindereferent:innen, Pastoralreferent:innen, Weitere Berufe im Kirchlichen Dienst) in unserer Diözese.

Dieses Kapitel schreibe ich basierend auf den Erkenntnissen meines Studiums der Personalentwicklung. Personalentwicklung ist neben Einsatzplanung, Personalfürsorge, dem *On- und Offboarding* der Beschäftigten ein wichtiger Baustein im *Employee Life Cycle* eines Unternehmens. Personalentwicklung in Kirche? Nicht selten wird allein schon das Wort *Personalentwicklung* als Affront empfunden und entsprechend abwehrend darauf reagiert nach dem Motto, dass es so etwas in Kirche nicht brauche, weil das pastorale Personal ja bestens ausgebildet sei.

Das stimmt. Wir haben sehr gut ausgebildete Seelsorgerinnen und Seelsorger, die sich tagtäglich mit Herzblut und Kompetenz für das Kerngeschäft von Kirche einsetzen, die frohe Botschaft von der Menschenfreundlichkeit und Liebe Gottes auf vielfältige Weise zu verkünden – sei es im Religionsunterricht oder in der Schulpastoral, in Krankenhäusern oder in der Notfallseelsorge, und auch in den kleiner werdenden sogenannten „Kerngemeinden" mit den klassischen pastoralen Aufgaben in Jugendarbeit und Sakramentenkatechese, dem Predigt-, Tauf- oder Beerdigungsdienst.

Unser pastorales Personal ist gut ausgebildet *und* es braucht Personalentwicklung. Denn Personalentwicklung als ganzheitliches Konzept verstanden, sorgt sich darum, dass die individuelle und berufliche Handlungskompetenz der Mitarbeitenden erhalten und entwickelt wird, und dadurch die Ziele von Kirche, die sich aus dem Auftrag, wie er beispielsweise in Mk 16,15 oder Lk 10,9 zu finden ist, erreicht werden.

Bevor die Möglichkeiten der Personalentwicklung im Kontext von Führung und Macht aufgezeigt werden, wird das Thema Macht und Missbrauch von Macht aus Sicht der Personalentwicklung wissenschaftlich reflektiert und eingeordnet. Viele Betroffene, die in Kapitel 3 zu Wort kommen, werden erschreckenderweise ihre Situation in der wissenschaftlichen Darstellung des Themas widergespiegelt sehen: sei es, weil sie in der Beschreibung des *destructive leadership* Züge ihrer Vorgesetzten wiederfinden; sei es, weil sie sich selbst in der Antwort auf die Frage „Warum halten die Geführten das aus?" erkennen.

Die wissenschaftlich-nüchterne Betrachtung ist nötig als Reflexionsbasis, von der aus dann weitere Fragen und Überlegungen erfolgen können. Letztlich können personalführende Abteilungen nicht allein Änderungen im Bereich Macht und (missbräuchlicher) Umgang mit Macht innerhalb von Kirche bewirken. Aber Bistumsverantwortliche sind gut beraten, ihre Expertise in Änderungsprozesse von Struktur und Kultur gut einzubinden.

Die Gefahr, Macht zu missbrauchen, liegt in allen dya-
dischen Beziehungen, die ein hierarchisches Gefälle aufweisen, und kommt in allen Branchen, staatlichen, öffentlichen
und privaten Einrichtungen und Organisationen, in Unternehmen und Vereinen vor. Führung ist Ausübung von
Macht. Zwischen Lehrenden und Lernenden an (Hoch-)
Schulen, Chorleitung und Chormitgliedern (einzeln oder als
ganzer Chor), Coaches und Sportmannschaften und derglei-
chen mehr – überall dort, wo es eine Person gibt, die führt,
und eine oder mehrere Personen, die geführt werden, spricht
man von Führung, und es wird Macht ausgeübt. Allerdings
sind Art und Ausprägung von Führung und Machtausübung
sehr unterschiedlich.

Führung wird über unterschiedliche Forschungsansätze
hinweg als zielbezogene, bewusste Einflussnahme auf Menschen beschrieben.[1] Die Geführten sollen bestimmte Ziele
erreichen, die sich meist aus den Zielen des Unternehmens
ableiten. Die Art der Einflussnahme ist recht unterschiedlich und erfolgt nicht nur durch Personen (Führungskräfte),
sondern ereignet sich beispielsweise auch als Führung von
unten,[2] oder auch als Führung durch Strukturen, ohne
dass unmittelbar irgendeine Person diesen Einfluss ausübt;
dazu gehören Organigramme und Verfahrensvorschriften,
aber auch Anreizsysteme, die Arbeitsplatzgestaltung sowie
die Unternehmenskultur.[3] Führung ist durch die individuel-
len Personenmerkmale der Führungskraft geprägt, durch
ihr Verhalten wie auch durch das Verhalten der geführten
Person(en), die Führungssituation und den institutionellen
Kontext, also die Unternehmenskultur.[4] Dieser Beitrag betrachtet das relational-intentionale Geschehen zwischen
Führenden und Geführten, und legt zudem den Fokus auf
die Führungskraft.

Die Führungskräfteforschung kennt viele Führungstheorien. Es gibt nicht *den einen* idealen Führungsstil, der auf alle Führungskräfte, -persönlichkeiten und -situationen gleichermaßen passt. Sehr wohl aber gibt es eine dunkle Seite von Führung. Über Unterschiede in Wahrnehmung und Wertung von Verhaltensweisen zwischen den verschiedenen Gesellschaften und über die Zeit hinweg gibt es eine Vielzahl von Begriffen und Beschreibungen dazu. Die meisten stammen aus der englischsprachigen Forschung: *bad leadership, destructive leadership, narcissistic leaders, toxic leadership, maladaptive managerial styles, abusive leadership, petty tyrants, victimization,* etc.[5]

Zur dunklen Seite von Führung gehört aus Sicht der Mitarbeitenden ein feindseliges nonverbales oder verbales Verhalten.[6] *Bad Leadership* zeigt sich in Kompetenzdefiziten, mangelndem Beherrschen von Führungsinstrumenten, aber auch in unbeherrschtem Verhalten oder mangelhafter Selbstkontrolle (*derailment*). Bewusste mangelnde Weitergabe von Informationen, unklare Anforderungen und Arbeitsaufgaben, grundlose Kritik, öffentliches Herabsetzen, Beleidigen und Beschimpfen führen die traurige Liste der Merkmale schlechter Führung an. Führungskräfte setzen diesen Stil entweder bewusst als Machtmittel ein oder geben unbewusst durch diesen Stil den Druck ihrer Vorgesetzten bzw. des Systems nach unten weiter. Destruktiv Führende nutzen in ihrer Einflussnahme überwiegend Kontrolle, Zwang und Manipulation. Ihrer Natur nach ist destruktive Führung egoistisch und betont die Ziele und Interessen der Führungskraft statt die der Mitarbeitenden und der Organisation, wobei sich destruktive Führung selten immer und allen gegenüber vollständig destruktiv zeigt.[7]

Führungspersönlichkeit und Führungsstil gehören zusammen. Häufig wird bei der Beschreibung von Persönlichkeitstypen auf die *Big Five* Neurotizismus, Extraversion, Offenheit für Erfahrungen, Verträglichkeit und Gewissenhaftigkeit zurückgegriffen, wie sie im NEO-Fünf-Faktoren-Inventar (NEO-FFI) bei Costa und McCrae beschrieben sind.[8] Die positiven Effekte dieser Persönlichkeitstypen auf Führung und Geführte wurden in vielen Studien belegt[9] und haben in den vergangenen Jahren dazu geführt, dass auch die dunkle Seite der Persönlichkeit zunehmend in den wissenschaftlichen Fokus rückt. Zur dunklen Seite zählen Merkmale wie Narzissmus, Psychopathie und Machiavellismus. Nähere Ausführungen hierzu finden sich beispielsweise bei Nerdinger, Blickle und Schaper.[10] Mit Blick auf die Führungskräfte ist für die personalentwicklerische Sicht vor allem der Narzissmus von Interesse, denn eine gesunde Portion Narzissmus ist durchaus erforderlich und förderlich, möchte man *Leader* werden und in der Hierarchie der Organisation nach oben kommen. Wohlgemerkt: eine *gesunde* Portion!

Narzisst:innen gebaren sich gern als große Visionär:innen, sie sind zudem in der Lage, viele Untergebene für die große Sache zu begeistern. Doch scheint der Grat zwischen konstruktivem und pathologischem Narzissmus schmal zu sein. Schattenseiten narzisstischer Führungskräfte sind beispielsweise Überheblichkeit, Drang nach Anerkennung, Überlegenheitsgefühle, mangelnde Empathie, Wutausbrüche, amoralisches Verhalten gegenüber anderen oder Paranoia.[11] Menschen mit einer narzisstischen Persönlichkeitsstörung neigen dazu, Personen in ihrem unmittelbaren Umfeld emotional zu missbrauchen, um ihr eigenes Selbstwertgefühl zu erhöhen. Narzisstische Führungskräfte reagieren sehr empfindlich auf Bedrohungen ihres überhöhten Selbstwerts und neigen deshalb zu aggressivem Verhalten. In Führungspositionen resultiert diese Tendenz häufig in destruktivem Führungsverhalten.

Krankmachende Führung

Wenig überraschend sind daher die Folgen eines destruktiven Führungsstils, welche durch genügend Studien hinreichend belegt sind. Verwiesen sei hier exemplarisch auf die Metastudie von Montano, Reeske, Franke und Hüffmeier aus dem Jahr 2016, die sich mit dem Verhältnis von fünf verschiedenen Führungsstilen in Bezug zur mentalen Gesundheit der Geführten sowie der Performanz der Arbeit beschäftigt. Sie kommen in ihrer dritten Hypothese zum Ergebnis, dass ein destruktiver Führungsstil sich negativ auswirkt auf die psychische Gesundheit und in keiner Weise einen positiven Effekt zeigt. Die Studie bestätigt „the existence of substantial mental health risks involving destructive leadership behaviors."[12] Untersuchungen des GDA-Arbeitsprogramm Psyche vom Bundesministerium für Arbeit und Soziales[13] sowie der Fehlzeiten-Report 2011 zum Thema Führung und Gesundheit[14] belegen, dass als Folgeerscheinung von *bad leadership* Stress als massive psychische Beschwerde auftreten kann, der bei anhaltender Dauer der Situation nicht selten im Burnout endet.

Warum halten die Geführten das aus?

Warum brechen Geführte nicht einfach aus einem krankmachenden Führungsgefüge aus? Warum bleiben sie Mitarbeiter:in bei einer destruktiven Führungskraft? Empirische Untersuchungen zeigen, dass der Zusammenhang von destruktiver Führung und negativen Wirkungen auf die Gesundheit der Geführten in Abhängigkeit zur Mobilität der Mitarbeitenden steht. Will heißen: Wer keine Exitstrategie besitzt, wer auf den Arbeitsplatz angewiesen ist (weil keine Qualifikation für eine andere Tätigkeit vorhanden ist oder weil jemand durch verschiedene Umstände örtlich oder anders gebunden und somit in mehrfacher Hinsicht nicht mobil ist), sieht sich gezwungen, destruktives Führungsverhalten der Vorgesetzten länger auszuhalten, und leidet entsprechend stärker darunter.[15]

Hinzu kommt, dass das destruktiv-manipulative Verhalten der Führungskraft erst einmal durchschaut sein will. Die Perfidie narzisstisch geprägten manipulativen Führungsverhaltens zeigt sich – wie bei anderen missbräuchlichen Verhaltensweisen auch – in einer Wahrnehmungstrübung der Betroffenen, die im Sinne einer Schuldumkehr dazu getriggert werden, nur bei sich selbst die Ursache des desaströsen Beziehungsverhältnisses zwischen Führungskraft und ihnen sowie ihrer psychischen Beschwerden zu suchen.

Machtmissbrauch ist nicht typisch katholisch, aber ...

Die vorangehenden Abschnitte zum Thema Führung und Macht zeigen, dass Missbrauch von Macht kein typisch katholisches, ja nicht einmal ein allgemein kirchliches Phänomen ist. Machtmissbrauch ist weder in Gesellschaft noch in Kirche neu. Er kann in allen Beziehungsgefügen vorkommen, in denen jemand Macht über andere hat. Er kann vorkommen, sollte aber nicht vorkommen, schon gar nicht in Kirche. Dass es Machtmissbrauch auch in der katholischen Kirche gibt, ist enttäuschend, dort, wo er geschieht, für die Betroffenen tief verletzend und für Kirche als Organisation beschämend.

Dass Könige, Tyrannen und Herrschende ungerecht sind, ist seit biblischen Zeiten bekannt, ebenso wie Jesu

Wort, dass es bei uns anders sein soll – beides nachzulesen in der Perikope mit der schönen Überschrift „Vom Dienen und Herrschen" bei Mt 20,25–27.[16]

Neu für die katholische Kirche ist es, von Macht und Machtmissbrauch offen zu reden und darüber zu diskutieren. Üblicherweise spricht man in der katholischen Kirche nicht von Macht und Führung, höchstens wenn es um den Bischof und die führenden Stellen in den Ordinariaten geht. Aber Macht und Führung beim pastoralen Personal in der Gemeinde? Der Priester ist wie alle anderen pastoralen Mitarbeiter:innen auch ein Teil des Pastoralteams. Gern wird in diesem, aber nicht nur in diesem Zusammenhang das Wort Dienstgemeinschaft benutzt. Nicht selten wird dabei Rekurs genommen auf oben erwähnte Verse bei Matthäus. In einem falschen Verständnis der Bibelstelle werden Führung und Macht mit dem Deckmantel des Dienens verbrämt, was wiederum Anklänge einer Wahrnehmungstrübung hat und deswegen eine fachlich-sachliche Sicht erschwert auf das, was der Priester auch ist: Er ist Führungskraft. Wenn Dinge aber nicht klar beim Namen genannt werden oder stattdessen andere beschönigende Bezeichnungen verwendet werden, wird im positiven wie im negativen Sinn eine klare Sicht auf die Dinge und ein Darüber-Reden erschwert. Die Frage lautet: Warum ist das so? *Cui bono*?

Vom Führen und Leiten

Wenn von der Rolle und Position des Priesters in Kirche oder konkret in der Gemeinde die Rede ist, dann geschieht das in der Regel unter rein theologischen Gesichtspunkten. In diesem Beitrag geht es aber bewusst nicht um eine dogmatische, pastoraltheologische oder kirchenrechtliche Einordnung der Rolle des Priesters, sondern um die Perspektive der Personalentwicklung.

Auf Gemeindeebene wird die Position des Priesters als *Leitender Pfarrer* oder *Leiter der Gemeinde* bezeichnet, je nach Bistum variieren die Begriffe. Aber Leiten ist nicht Führen. Gremien werden geleitet, Sitzungen werden geleitet, eine Kirchengemeinde, ein Dekanat als Gesamtkonstrukt wird geleitet. Menschen aber werden nicht geleitet, sondern geführt! Wenn es Mitarbeitende sind, die geführt werden, spricht man Personalführung, und alle, die Mitarbeitende führen, sind per definitionem Führungskräfte. Aber sind Pfarrer/Priester wirklich Führungskräfte?

Weil viel zu oft aus oben zitierter Bibelstelle lediglich das Wort Dienen, nicht aber das Wort Herrschen bzw. Führen[17] im Sprachgebrauch ist, verstehen sich viele Priester nicht als Führungskraft. Vielleicht sehen sie sich auch lieber als einer von vielen Gleichberechtigten im Team – was sie kirchenrechtlich nicht sind. Vielleicht sind die mit Führung einhergehenden Aufgaben und Probleme ihnen unangenehm – ja, Personalführung ist nicht immer einfach, das muss man wollen – und können.

Letztlich braucht es eine Verständigung über Führungsrolle und -aufgabe der Priester. Wenn Priester nicht führen möchten, dann sollten sie ehrlich gegenüber sich und den anderen sein, in die zweite Reihe treten, tatsächlich gleichberechtigtes Mitglied im Pastoralteam werden und sich führen lassen, wie die anderen im Team sich auch führen lassen. Unbenommen davon sind sie ja weiterhin Priester und spenden Sakramente und gehen ihrer priesterlichen Berufung nach. Für den *CIC* sind solche Konstellationen nicht neu. Schwierig wird die Situation in den letzten Jahrzehnten dadurch, dass durch den Rückgang der Priesterzahlen immer weniger solcher Stellen in der zweiten Reihe vorhanden sind.

Die personalführenden Abteilungen der Bistümer müssen an dieser Stelle ebenso ehrlich hinschauen und dafür sorgen, dass diejenigen, die Personal führen können, in diese Position kommen, und die anderen nicht. Derlei Überlegungen sind aufgrund der in diesem Buch dargestellten Führungsdramen dringend anzustellen, sie wurden aber bislang zu wenig in Erwägung gezogen. Sicherlich weil es Konsequenzen für die Zuschnitte von Gemeindegebieten sowie für die Zusammensetzung wie auch für Rollen und Aufgaben innerhalb von Teams nach sich ziehen müsste. Vielleicht auch, weil es der unbestritten unangenehme Teil der Personalarbeit ist, Personen in ihrem Handeln Grenzen zu setzen und konsequent zu sein. Aber wie oben schon geschrieben: Personalführung ist nicht immer einfach, sie ist aber Kerngeschäft einer Personalabteilung. Es geht immer um das Wohl *aller* Mitarbeiter:innen, nicht nur um einige.

Möglichkeiten der Personalentwicklung

Eine gute Botschaft: Führung kann man lernen!

Aber bitte dazu nicht nach populär-wissenschaftlichen Veröffentlichungen greifen, die mithin Patentrezepte für erfolgreiche Führung verkaufen und unkritischen Leser:innen und Anwender:innen leicht verdauliche, weil schon vorgekaute Kost servieren. Eine seriöse Personalführung, egal auf welcher Ebene, kommt nicht umhin, sich mit wissenschaftlichen Erkenntnissen auseinanderzusetzen, um zu einem fundierten Verständnis von Führung und zu einem angemessenen, zu den Personen der Führungskräfte und zur Unternehmenskultur des Bistums passenden Führungsstil zu gelangen. Hier sind vor allem die personalführenden Abteilungen gefragt, eine strategische Personalentwicklung in Abstimmung und Kooperation mit den Ausbildungsverantwortlichen ihres Bistums aufzusetzen.

Eine weitere gute Botschaft: Kirchliche Personalarbeit muss das Rad nicht neu erfinden!

Die Führungskräfteforschung ist voll von Führungsstilen, die eine nähere Betrachtung lohnen, Kirche muss keinen eigenen Führungsstil erfinden. Beispiel gefällig? Der *Servant Leadership*, vor über 50 Jahren von Robert K. Greenleaf vorgestellt.[18] Hier werden die Interessen und das Wohlergehen der Mitarbeitenden als zentraler Aspekt in den Fokus rückt. *Servant Leader* sorgen für die bestmöglichen Rahmenbedingungen. Teammitglieder werden gefördert und zur Selbstorganisation befähigt, um ihre besten Leistungen zu erbringen. Dabei geben *Servant Leader* weiterhin Anweisungen und erfüllen ihre Rolle als Führungskraft, verstehen sich jedoch nicht als autoritär, sondern sehen sich in einer dienenden Rolle. Das erinnert doch stark an die Perikope „Vom Dienen und Herrschen", nur dass bei *Servant Leadership* nicht nur von *Servant*, sondern korrekterweise auch von *Leadership* die Rede ist!

Auch *Transformational Leadership, Ethische Führung* oder *Positive Leadership* sind gute Führungsmodelle, die ernsthaft in Betracht gezogen werden sollten.

Wasser in den Wein

Kernaufgaben einer jeden Personalabteilung ist der Bereich der Personalgewinnung und der Einsatzplanung, also die Fragen: Wen nehmen wir und wo setzen wir diese Person ein? Leider finden in diesem Zusammenhang personalentwicklerische Aspekte immer noch zu wenig Beachtung, egal bei welcher Berufsgruppe. Die beiden oben gestellten Fragen werden erst nach Berufung und pastoraler Ausbildung beantwortet, und dann noch nach den Aufgaben, die an der Stelle zu erfüllen sind. Das ist legitim, greift aber zu kurz. Vor allem bei Führungskräften kann sich das als eklatanter Fehler erweisen. Bei der Vergabe von Führungspositionen muss dringend hinzukommen, ob die Person für Personalführung geeignet ist oder nicht. Dieser Aspekt darf nicht durch die Tatsache, dass jemand geweiht ist, verdrängt werden. Weihe befähigt zu vielem, aber nicht zu allem. Theologische Kompetenz ist unerlässlich in Kirche, aber nicht die einzig erforderliche Kompetenz, vor allem nicht bei Führungskräften.

Wie ganz zu Beginn erwähnt, ist allein das Wort *Personalentwicklung* vielen Verantwortlichen in den Bistümern bestenfalls neu und unbekannt. Ob das Fremdeln der Kirche mit dem Thema Personalentwicklung daher kommt, dass die Fachsprache weder Latein, Hebräisch, Alt-Griechisch, sondern (Wirtschafts-)Englisch ist, mag mit einem Augenzwinkern gemutmaßt werden können. Ärgerlich ist es allemal, dass zu wenig Orientierung genommen wird an wissenschaftlichen Erkenntnissen aus den Bereichen Personalmanagement, -entwicklung und -führung.

Dabei umfasst Personalentwicklung alle zielgerichteten und systematischen Maßnahmen der Bildung und Förderung von Mitarbeiter:innen. Darunter fallen übrigens keine psychoanalytischen Techniken, die allein schon aus ethisch-rechtlichen Gründen abzulehnen sind, denn jede:r Beschäftigte hat ein Recht darauf, von den Vorgesetzten nicht zum Objekt psychotherapeutischer Betrachtungen oder gar Manipulationen zu werden. Vielmehr sorgt Personalentwicklung mit ihren Erkenntnissen aus Soziologie, Psychologie, Organisationspsychologie und Erwachsenenpädagogik dafür, dass Führungskräfte und Mitarbeiter:innen gleichermaßen gut arbeiten können, was ja letztlich positive Auswirkungen aufs gesamte System hat und dem Auftrag und Ziel kirchlichen Wirkens dient.

Personalentwicklung ist also in keiner Weise ein *too-much-of-a-good-thing*, dafür gibt es sie leider noch viel zu selten innerhalb von Kirche, sie ist aber dringend nötig.

Dieser Beitrag trägt bewusst die mehrdeutige Überschrift *Die Sorge der Personalabteilung*. Zum einen deswegen, weil das Thema Besorgnis erregt. Unseren Mitarbeiterinnen und Mitarbeitern geht es nicht gut, das darf keiner personalführenden Stelle, egal in welchem Unternehmen, gleichgültig sein. Die Berichte im dritten Kapitel haben etwas Bedrückendes, die geschilderten Situationen sind unerträglich.

Womit nun die zweite Bedeutung von *Sorge* ins Licht rückt. Die Sorge ist das Bemühen um jemandes Wohlergehen, man kann es auch Fürsorge nennen. Personalabteilungen haben auch eine Fürsorgepflicht für ihre Beschäftigten, für *alle* gleichermaßen. Aus dieser Fürsorge heraus müssen sich Personalabteilungen mit diesen Fragen ernsthaft und umfassend auseinandersetzen:

- Wie gehen wir mit destruktiv agierenden Führungskräften um?
- Welche Maßnahmen und Konsequenzen werden bei (Führungs-)Versagen ergriffen?
- Gibt es Sanktionen, und wenn ja, welche?
- Wie ist der Umgang mit Betroffenen?
- Wohin können sie sich wenden?
- Wie schützen wir vor Machtmissbrauch?

Diese und weitere Fragen müssen in den Personalabteilungen besprochen und geklärt sein, *bevor* Fälle von missbräuchlichem Umgang mit Macht virulent werden, also streng genommen: gestern.

Kritische Betrachtung dieses Beitrags

Das Thema Missbrauch von Macht ist ein sehr umfängliches und komplexes Thema. Deshalb berücksichtigen umfassende Ansätze in der Beschreibung destruktiven Führungsverhaltens, wie z. B. das *toxic triangle* bei Padilla,[19] nicht nur Merkmale der Führungskräfte, sondern auch Merkmale der Führungssituation sowie der Geführten. Destruktive Führung geschieht nicht im Vakuum. Neben personalen Anteilen gibt es auch eine systemische Seite.

Somit kann zu Recht an diesem Beitrag kritisiert werden, dass der Fokus vor allem auf den Führungskräften, den Priestern, liegt. Eine Fokussierung allein auf Führungskräfte ist in der Tat eine verkürzte Sicht, aber in diesem Beitrag lediglich der begrenzten Länge geschuldet und darf keineswegs als weitere Idealisierung und Überhöhung der Priester als Führungskräfte gewertet werden. Ebenso wenig darf dieser Beitrag in keiner Weise als *Bashing* der Priester verstanden werden. Es ist wie bei anderen Themen in Kirche und Gesellschaft auch: Es reichen einige, um eine ganze Gruppe zu diskreditieren. Für diejenigen, die zur stigmatisierten Gruppe gehören, ihre Sache aber gut und richtig machen, ist es nur schwer auszuhalten, wenn sie mit den schwarzen Schafen in einen Topf geworfen werden. Auch deswegen muss sich Kirche dringend mit diesem Thema auseinandersetzen.

Bei einer weiteren Betrachtung des Themas Machtmissbrauch bzw. destruktive Führung müssen selbstverständlich die zwei anderen Seiten des *toxic triangle* betrachtet werden. Eine Organisation und ihre Mitglieder stehen im wechselseitigen Bezug zueinander. Die Organisation ist nicht allein und schon gar nicht ausschließlich durch die Psychopathologie einiger Rollenträger geprägt. Intersystemische Aspekte, Kontext, Geschichte der Organisation, ihre Transformation im Laufe der Zeit, Organisationskultur und -struktur – das alles sind zu berücksichtigende Faktoren bei der Betrachtung des Einflusses der Organisation auf ihre Mitglieder, zu denen sowohl Führungskräfte als auch Geführte gehören.[20]

151

Literatur

A. *Ahlers-Niemann*, Dem Unbewussten auf der Spur – Einige Überlegungen zur Sozioanalyse von Organisationen, in: Gruppe. Interaktion. Organisation. Zeitschrift für Angewandte Organisationspsychologie (GIO) 38 (2007), 97–114.

B. *Badura/A. Ducki/H. Schröder/J. Klose/K. Macco*, Fehlzeiten-Report 2011 – Führung und Gesundheit, Berlin 2011.

P. *Borkenau/F. Ostendorf*, Untersuchungen zum Fünf-Faktoren-Modell der Persönlichkeit und seiner diagnostischen Erfassung, in: Zeitschrift für Differentielle und Diagnostische Psychologie 10 (1989), 239–251.

Bundesministerium für Arbeit und Soziales (BMAS), Psychische Arbeitsbelastung und Gesundheit – Arbeitsschutz in der Praxis, Berlin 2017.

Einheitsübersetzung der Heiligen Schrift: Matthäus-Evangelium, Stuttgart 2016.

S. *Grote*, Die Zukunft der Führung, Berlin 2012.

T. A. *Judge/J. E. Bono/R. Ilies/M. W. Gerhardt*, Personality and leadership: A qualitative and quantitative review, in: The Journal of applied psychology 87 (2002), 765–780.

R. *Lang/I. Rybnikova*, Aktuelle Führungstheorien und -konzepte, Wiesbaden 2014.

D. *Montano/A. Reeske/F. Franke/J. Hüffmeier*, Leadership, followers' mental health and job performance in organizations: A comprehensive meta-analysis from an occupational health perspective, in: Journal of Organizational Behavior 38 (2016), 327–350.

F. W. *Nerdinger/G. Blickle/N. Schaper*, Arbeits- und Organisationspsychologie, Berlin [4]2019.

A. *Padilla/R. Hogan/R. B. Kaiser*, The toxic triangle: Destructive leaders, susceptible followers, and conducive environments, in: The Leadership Quarterly 18 (2007), 176–194.

H. *Rawitzer*, Servant Leadership – Der dienende Führungsansatz als Erfolgsfaktor, in: Zeitschrift Führung und Organisation 91 (2022), 387–390.

L. *von Rosenstiel/E. Regnet/M. Domsch*, Führung von Mitarbeitern, Stuttgart [8]2020.

C. *Steinle*, Ganzheitliches Management – Eine mehrdimensionale Sichtweise integrierter Unternehmungsführung, Wiesbaden 2005.

A. *Sturm/I. Opterbeck/J. Gurt*, Organisationspsychologie, Wiesbaden 2011.

G. *Yukl*, Leadership in organizations, Upper Saddle River N. J. 2002.

4.2 Leadership und Zusammenarbeit auf Augenhöhe wider den Machtmissbrauch

Margherita Onorato-Simonis

In der Soziologie steht Macht für Abhängigkeits- oder Überlegenheitsverhältnisse. Diejenigen, die die Macht besitzen, setzen ohne die Zustimmung, gegen den Willen und trotz des Widerstands anderer ihren Willen um (Max Weber). Machtverhältnisse beinhalten immer „zweiseitige (Austausch-)Verhältnisse", in denen eine Seite über Macht verfügt, indem sie zum Beispiel belohnen oder bestrafen kann, und die andere Seite nichts gegen die Machtausübung unternimmt, sie akzeptiert, duldet, hinnimmt, befolgt oder nicht widerspricht, keinen Widerstand leistet, bzw. gezwungen ist, diese hinzunehmen.[1]

Welche Eigenschaften und Kompetenzen müssen also Führungskräfte mitbringen, wenn in unserer Arbeitswelt kein Platz für Machtmissbrauch sein soll? Und wie müssen Mitarbeitende ausgestattet und befähigt sein, damit sie Machtmissbrauch erkennen und Grenzen aufzeigen können?

Wer als Führungskraft darauf aus ist, mit anderen zu kooperieren, andere Bedürfnisse, Meinungen und Ansichten gelten zu lassen, ist weniger gefährdet, Machtmissbrauch zu begehen. Voraussetzungen dafür sind Empathie und Respekt sowie die Fähigkeit, soziale Bindungen aufzubauen. Wer den anderen Menschen aus dem Blick verliert, ist hochgradig gefährdet, Macht zu missbrauchen. Eine reife Persönlichkeit wird ihre Macht nicht missbräuchlich einsetzen.

Von Führungskräften muss Augenhöhe zu Mitarbeiter:innen verlangt werden. Zu einer guten Führungskultur gehört eine vertrauensvolle Zusammenarbeit, die auf Partizipation und Transparenz basiert. Eine gute Führungskraft fördert die Potentiale ihrer Mitarbeiter:innen, setzt sie adäquat ein und traut ihnen etwas zu. Führungskräfte müssen in der Lage sein, andere an Entscheidungen zu beteiligen, sie einzubeziehen und gemeinsam erarbeitete Lösungen herbeizuführen. Das stellt hohe Erwartungen an die Kommunikationskompetenz, Konfliktfähigkeit und Selbstreflexion von Führungskräften. Sich selbst infrage stellen zu können, eigene Positionen auch verlassen zu können, andere Meinungen, Lösungsansätze gelten zu lassen, all das zeichnet eine gute Führungskraft aus. Führungshandeln steht immer in einem Kontext. Es ist bezogen auf die Ziele der Organisation, für die die Führungskraft in der Verantwortung steht, und hat die Bedürfnisse der Mitarbeiter:innen im Blick. Dabei unterscheidet die Führungskraft zwischen der Erfüllung der eigenen Wünsche, den Bedürfnissen der anderen Menschen und den Notwendigkeiten der Organisation, für die sie/er (mit-)verantwortlich ist.

Ein hierarchisches Führungsverständnis hat ausgedient und darf von Mitarbeiter:innen nicht weiterhin bedient werden.

Mitarbeiter:innen sollten sich vom hierarchischen Bild einer Führungskraft, die immer weiß, was richtig ist, und auf alle Fragen eine Antwort weiß, verabschieden. Veränderungen bestimmen unser Arbeitsleben. Es müssen immer wieder neue Lösungswege gefunden werden und Konflikte auf unterschiedlichste Weise bearbeitet werden. Das bedeutet auch, dass Mitarbeiter:innen Verantwortung übernehmen müssen. Sie bekommen nicht immer eine Antwort auf ihre Frage, sondern machen Vorschläge zur Vorgehensweise. Sie treffen Entscheidungen und übernehmen Verantwortung für ihre Entscheidungen auf die Gefahr hin, dass Fehler passieren. Unsicherheiten sind dabei auszuhalten. Zwischen Führungskräften und Mitarbeiter:innen findet viel Interaktion statt. Es sollte eine Kultur der

Zusammenarbeit auf Augenhöhe entstehen. Genau wie die Führungskraft sollten Mitarbeiter:innen in der Lage sein, mit Konflikten umzugehen. Sie sollten dazu fähig sein, der Führungskraft konstruktives Feedback zu geben, aber auch Kritik an Verhaltensweisen zu geben und, wenn erforderlich, Grenzen zu setzen, um den eigenen Persönlichkeitsbereich zu schützen.

Aber: Nicht jeder Konflikt ist Machtmissbrauch. Wir erleben auch, dass Mitarbeiter:innen eigene Versäumnisse nicht zugeben oder frustriert darüber sind, eigene Ideen nicht durchsetzen zu können. Oft sind sie dann nicht in der Lage, solche Konflikte bei Vorgesetzten adäquat anzusprechen und konstruktiv zu bearbeiten.

„Machtmissbrauch ist die Ausnutzung der eigenen Macht und Möglichkeiten zur Durchsetzung egoistischer Bedürfnisse auf Kosten der Situation und der Bedürfnisse anderer. Hintergrund ist unter anderem ein Mangel an ethischem Bewusstsein."[2] Jeder Konflikt sollte genau daraufhin angeschaut werden, ob jemand zur Erreichung eigener persönlicher Ziele/Bedürfnisse agiert, seine Stellung dazu nutzt, diese zu erreichen, und dabei mit seinem Verhalten anderen schadet. Eine Organisation sollte daher nicht nur Erwartungen an seine Führungskräfte haben, sondern auch an seine Mitarbeiter:innen. Dazu ist eine Kultur der Zusammenarbeit zu beschreiben und zu leben.

Kirche braucht keine Führungskräfte, die Macht als Dopaminschub erfahren und ihre Autorität qua Amt begründen. Kirche braucht Leadership: Führungskräfte leben Werte und Überzeugungen vor und haben eine inspirierende und motivierende Wirkung auf andere Menschen. Führungskräfte sind authentisch und integer. Damit sind sie Vorbild im besten Sinne und begegnen ihren Mitarbeiter:innen auf Augenhöhe. Sie arbeiten für und vor allem gut mit Mitarbeiter:innen zusammen, die sich nicht als „Untergebene" verstehen, sondern gerne mitgestalten, Verantwortung übernehmen und im Team arbeiten. Diese Verhältnisbestimmung ist nicht nur motivierend für Mitarbeiter:innen, sondern auch entlastend für Führungskräfte. Mitarbeiter:innen erfahren sich als wirksam, weil sie mitgestalten können und an Entscheidungen teilhaben. Das wirkt motivierend. Führungskräfte können Verantwortung abgeben oder teilen. Sie müssen nicht immer alles wissen, sondern können sich beraten und somit fundierte Entscheidungen treffen.

Das alles kann man nicht verordnen. Die Organisation muss ein Bild von Führung definieren. Sicher sind dabei Schulungen für Führungskräfte wichtig. Wichtiger ist, dass die oberste Leitung dieses Führungsverständnis vorlebt.

In unserer Kirche ist es aufgrund ihres besonderen Charakters als Organisation mitunter noch komplizierter und anspruchsvoller als anderswo: In welcher Beziehung stehen Leadership im beschriebenen Sinne und das Amt in der Kirche, vom Bischof bis zum Ehrenamt? Und welche Kulturprägung geschieht durch die geistliche Dimension von Führung? Leider haben wir in den vergangenen Jahren schmerzhaft erfahren, dass Amtsmissbrauch und geistlicher Missbrauch besonders perfide Formen des Machtmissbrauchs ermöglicht haben.

Aber letztlich gilt in allen kirchlichen Einrichtungen und Organisationen: In einer Arbeitskultur, die geprägt ist von Wertschätzung, Empathie, offener Kommunikation, Fehlertoleranz und die vor allem von jedem einzelnen, unabhängig von seiner Stellung, die Fähigkeit der Selbstreflexion und der „Selbstrelativierung" verlangt, hat Machtmissbrauch keine Chance.

4.3 Emanzipation und Resilienz – Nachhaltige Wege aus der Abhängigkeit

Valentin Dessoy

Perspektive, Aufbau und Intention

Der folgende Beitrag ist aus systemtherapeutischer Perspektive geschrieben. Individuen und ihr Verhalten werden darin nicht isoliert betrachtet, sondern im Interaktionszusammenhang gesehen. Veränderungen werden wesentlich durch Unterbrechung dysfunktionaler Muster und Routinen in Gang gesetzt.

Der Text beschäftigt sich zunächst mit der Frage, wie Religion und Macht zusammenhängen, was Machtmissbrauch kennzeichnet und über welche Mechanismen in der Kirche in der Vergangenheit Macht ausgeübt wurde, so dass Menschen bis heute in Abhängigkeit gebracht und dauerhaft darin gehalten werden.

Im zweiten Schritt wird analysiert, wie kirchliche Akteure mit den kognitiven und emotionalen Dissonanzen umgehen, die in moderner, aufgeklärter Gesellschaft mit der Aufrechterhaltung des absoluten, normativen Anspruchs der Amtskirche trotz Machtmissbrauchs und dessen Vertuschung notwendig einhergeht. Die Analyse macht deutlich, dass lineare Attributionen oder Schuldzuschreibungen die zu beobachtenden Phänomene auf systemischer Ebene kaum erklären können. Das Beteiligtsein der Akteur:innen reicht wesentlich tiefer und entwickelt aktuell eine neue, toxische Qualität der Verstrickung.

Auf diesem Hintergrund geht es schließlich um die zentrale Frage, wie es gelingen kann, sich als gläubiger Mensch, als freiwillig Engagierte:r oder als haupt-/nebenberufliche:r Mitarbeiter:in aus bestehenden Abhängigkeiten bzw. Co-Abhängigkeiten zu befreien und aus destruktiven Verstrickungen auszusteigen.

Die Intention des Textes ist gänzlich unpolitisch. Es geht nicht um einen „Leitfaden für Empörer:innen" oder ein „Handbuch für Widerständige". Eine solche Agenda wäre eine verdeckte Instrumentalisierung jener, deren Gewalterfahrungen in diesem Buch zur Sprache gebracht werden, und damit ein erneuter Machtmissbrauch. Intendiert ist Empowerment, ein Zugewinn an Selbstwirksamkeit[1] und Resilienz[2] – durch ein besseres Verstehen dessen, was passiert, durch die Erlaubnis, sich von Schuldinduktion und moralischen Skrupeln zu lösen, durch Ermutigung zu Selbststeuerung, zum Abwägen von Gewinn und Verlust, zum Einsatz wirkungsvoller Mittel der Abgrenzung, des verantworteten Widerstands, der kritischen Mitwirkung und Gestaltung – oder auch zum Gehen in Würde.

Ohnmacht und Abhängigkeit

Religion und Macht

Religion und Macht gehören im Ursprung zusammen. Religionen berühren Menschen im Innersten. Sie bieten Geborgenheit und Schutz, versprechen Heil. Dafür fordern sie im Gegenzug Wohlverhalten und Gehorsam ein. Wenn es ihnen gelingt, eine mit absoluter Macht ausgestattete göttliche Instanz im Denken und in den Herzen der Menschen zu installieren und sich die Verfügungsgewalt hierüber zu sichern – z. B. in Form eines göttlichen Gesetzes, einer göttlichen Offenbarung oder einer Heiligen Ordnung, die es zu wahren gilt –, haben ihre Repräsentant:innen „unbegrenzte Macht, das Erleben und Verhalten der Menschen zu normieren, zu steuern und zu kontrollieren."[3]

Insbesondere jene Religionen – wie Christentum und Islam –, in denen ein monotheistischer Gottesbegriff als Inbegriff des Absoluten zum zentralen Bezugspunkt geworden ist, „bergen in ihrer DNA die Anlage zu systemischer Machtasymmetrie, vorausgesetzt es gelingt ihnen, dafür zu sorgen, dass die Menschen das Feld nicht ohne weiteres verlassen (z. B. nicht austreten) können. Auf diese Weise entsteht strukturelle Abhängigkeit und Vulnerabilität."[4]

Macht und Machtmissbrauch

Macht kommt von „machen" und ist nicht per se schlecht. Macht ist notwendig, um Systeme in verlässlicher Weise zu steuern und zu entwickeln. Machtausübung bedeutet also nicht automatisch Machtmissbrauch.

Wenn hier von Macht gesprochen wird, ist damit eine bestimmte Form der Kommunikation gemeint, bei der eine:r der Kommunikationspartner:innen seinem:ihrem Willen in einer Art Ausdruck verleiht, dass der:die andere Partner:in sich in seiner Anschlusskommunikation so darauf bezieht, dass er:sie entweder der wahrgenommenen bzw. intendierten Erwartung Folge leistet („Macht" im Sinne Max Webers[5]) oder „sie als Einladung zu einer frei von Zwang erfolgenden Verständigung auf einen gemeinsamen Willen versteht (‚Macht' im Sinne von Hannah Arendt[6])".[7]

Machtmissbrauch in einer vertikalen (Macht-)Beziehung (z. B. Führungskraft mit Vorgesetztenfunktion gegenüber Mitarbeitenden) liegt vor, wenn

– die „Durchsetzungsmacht" (i. S. Webers) entgegen und außerhalb der im System geltenden und wechselseitig committeten Regeln des Systems eingesetzt wird (ein:e Mitarbeiter:in committet die Regeln der Organisation bei Eintritt in / Nicht-Austritt aus der Organisation) oder

- die „Durchsetzungsmacht" innerhalb der geltenden Regeln zur Realisation eigener Interessen benutzt wird, die den Interessen der Organisation und/oder der Mitarbeitenden zuwiderlaufen bzw. deren Integrität verletzen (Instrumentalisierung).

Ein verschärfter Machtmissbrauch liegt bei struktureller Abhängigkeit vor, also immer dann, wenn die betroffene Person das Feld nicht ohne weiteres verlassen kann, da sie annimmt, dadurch z. B. im Jenseits bestraft zu werden oder – profaner – ihren Job zu verlieren, bzw. aufgrund ihrer bisherigen Berufsbiografie außerhalb der Organisation keine (angemessene) Anstellung zu finden.

Machtmissbrauch kann es aber auch in horizontal angelegten (Macht-)Beziehungen geben, z. B. seitens Führungskraft, die sich als Coach versteht oder seitens externer Beratung, wenn

- „Wirkmacht" (i. S. Arendts) eingesetzt wird, um Menschen zu verleiten, ohne umfängliche Kenntnis der Konsequenzen und ohne bewusste und explizite Entscheidung der Beteiligten gegen die Regeln des eigenen Kontextes (der Organisation) zu verstoßen mit der Gefahr, dass der Weg scheitert und die Beteiligten die Konsequenzen tragen müssen, oder
- unter gleichen Prämissen Ziele angestrebt werden, die den Zielen der Organisation oder der Beteiligten zuwiderlaufen bzw. ihnen widersprechen (Instrumentalisierung).

Ein verschärfter Machtmissbrauch liegt hier vor, wenn die Beteiligten in einer psychosoziale Abhängigkeit gefangen sind und die Beziehung aus Loyalitätsgründen nicht verlassen können.

Eine Person, die Macht ausübt, macht ein Beziehungsangebot. Um dieses Angebot zu untermauern, d. h. die Wahrscheinlichkeit einer komplementären Anschlusskommunikation zu erhöhen, setzt sie bestimmte Mittel[8] ein: etwa
Recht/Gesetz, Eigentum/Geld, Wissen/Wahrheit, Glaube/
Moral. Niklas Luhmann nennt diese Mittel symbolisch gene-
ralisierte Kommunikationsmedien.[9] Sie motivieren oder treiben den:die Kommunikationspartner:in zur Annahme des
Kommunikationsangebotes. Je mehr man davon besitzt, desto höher ist die erwartbare Gegenleistung, i. S. von Sich-Ein-
lassen, Entgegenkommen, Wohlverhalten, Gehorsam etc.

Die symbolisch generalisierten Kommunikationsmedien
sind binär kodiert. Sie definieren Systemgrenzen dichotom
i. S. einer zweiwertigen Logik über Unterscheidungen wie
„wahr/nicht wahr", „recht/unrecht", „fromm/nicht fromm",
„moralisch/unmoralisch" bzw. „solvent/insolvent" und
schränken die Möglichkeit einer differenzierten Anschlusskommunikation ein. Ihre Wirksamkeit beruht auf dem
(Zwangs-)Mittel der Androhung von Exklusion. Dadurch erhöht sich der Druck, in das Beziehungsangebot einzuwilligen.

Das Gefühl von Ohnmacht entsteht, wenn Menschen den
Eindruck haben, die Kontrolle über die Wahl ihrer Hand-
lungsmöglichkeiten zu verlieren. Das Bedürfnis, das eigene
Leben und die Umgebung aktiv mitzugestalten, ist in jedem
Menschen grundgelegt. Er ist bestrebt, Zustände in sich selbst
und Ereignisse in seiner Umwelt zu verstehen, vorherzusehen
und nach Möglichkeit zu kontrollieren, um handlungsfähig
und wirkmächtig zu bleiben. Wird dies unterbunden, erfahren sich Menschen als ohnmächtig, was erheblichen Stress
auslöst, um die Kontrolle wiederzugewinnen.

Abhängigkeit ist eine Beziehung, in der ein:e Kommuni-
kationspartner:in das Kommunikationsfeld nicht oder nicht

ohne Schaden verlassen kann bzw. der festen Überzeugung ist, dass sie das nicht kann. Abhängigkeit ist allerdings nicht per se schlecht. Abhängigkeitsbeziehungen sind von ihrem Ursprung her bzw. in ihrer Kernintention oftmals sorgende Beziehungen. So sind Kinder über eine lange Zeit von der Sorge ihrer Eltern abhängig, Institutionen wie Kindergarten, Schule oder Krankenhaus basieren auf asymmetrischen Abhängigkeitsbeziehungen. Die genannten Sozialisationsinstanzen folgen allerdings der Grundintention, die anvertrauten Menschen wachsen und zu selbstständigen Individuen heranreifen zu lassen. Erfahrungen von Wirkmächtigkeit und Emanzipation sind Kern des Programms.

Wenn die Erfahrungen von Abhängigkeit und Ohnmacht zusammenkommen, werden Beziehungen destruktiv und machen krank. Anhaltende Erfahrung von Kontrollverlust ohne die Möglichkeit, das Feld zu verlassen (weil Abhängigkeit besteht), kann zu „gelernter Hilflosigkeit",[10] zu erhöhter „Verwundbarkeit" (Vulnerabilität),[11] zu ohnmächtiger Abhängigkeit und Resignation führen.

Von struktureller Abhängigkeit spricht man, wenn die Logik von Systemen, die Verfasstheit von Organisationen auf Machtasymmetrie und Abhängigkeit basieren. Die Kirche hat über viele Jahrhunderte physische und psychische Macht ausgeübt, als Heilige Ordnung immunisiert und damit Abhängigkeit strukturell verankert.

Machtausübung in und im Namen der Kirche

Nachdem die junge Kirche in den ersten Jahrhunderten vielfach verfolgt und unterdrückt wurde, wendete sich das Blatt gegen Ende der römischen Kaiserzeit, als sie schrittweise zur Staatsreligion erhoben wurde. Ab dem frühen Mittelalter war die Drohung und Anwendung physischer Gewalt ein probates Mittel, Menschen vom christlichen

Glauben zu überzeugen. Karl der Große ließ bei seinen Kriegen, etwa gegen die heidnischen Sachsen von 772 bis 804, alle hinrichten, die den christlichen Glauben nicht annehmen wollten.[12] Das ist – zynisch gesprochen – sehr überzeugend.

Diese Praxis setzte sich im hohen Mittelalter nach außen in Form der Kreuzzüge fort. Aber auch nach innen hatte Kirchenzugehörigkeit und daraus resultierendes (Wohl-)Verhalten handgreifliche Plausibilität und unmittelbar Relevanz: Wer gegen bestimmte zentrale Regeln verstieß, wurde exkludiert (exkommuniziert) und war fortan vogelfrei. Er konnte sich seines Lebens nicht mehr sicher sein, und die Wahrscheinlichkeit, dass er diesen Zustand über längere Zeit überlebte, war gering.[13]

Die Erfindung des Buchdrucks hatte enorme gesellschaftliche Auswirkungen. Die Gedanken der Menschen waren nicht mehr mit den bis dahin gebräuchlichen Mitteln zu kontrollieren. Peter F. Drucker spricht von einer neuen Medienepoche, die von umfangreichen gesellschaftlichen Veränderungen begleitet war.[14] Die mittelalterliche Ständegesellschaft wich der modernen funktionalen Gesellschaft. Durch die erfolgreiche Reformation war die Monopolstellung der Kirche dahin und mit der Säkularisation und der Auflösung des Kirchenstaates 1870 begann der unaufhaltsame Verlust ihrer wirtschaftlichen und politischen Macht. Die Ausübung unmittelbaren physischen Zwangs durch kirchliche Organe oder in deren Namen war in der Folge nicht mehr ohne weiteres möglich, wenngleich es die Verquickung von Kirche und Staat bis in die jüngere Vergangenheit gab und gibt.

Die Ausübung von Macht, um Abhängigkeit zu erzeugen, war in der katholischen Kirche damit allerdings nicht zu Ende. Sie wurde subtiler, aber nicht weniger effizient. In der Zeit der Volkskirche wurden die Mechanismen der

Machtausübung weiter perfektioniert. Die Technik „Macht über Menschen auszuüben, die der Einzelne, solange er:sie sich im kirchlichen Kontext bewegt, kaum spürt, und der er sich, sofern er das Feld nicht verlassen kann, nicht entziehen kann, geschweige denn in Frage stellen oder angreifen wird",[15] nennt Michel Foucault „Pastoralmacht". Sie basiert auf der psychosozialen Durchsetzung eines Beziehungsangebotes, das dem Bild des Hirten und seiner Herde entspricht und deren zentrales Instrument die Beichte ist. „Pastoralmacht" zielt nach Foucault auf die innere Programmierung und die totale Unterwerfung der Gläubigen unter den Willen der Kirche.

Allerdings kommt auch diese Form der Machtausübung allmählich an ihr Ende, zumindest in unserer westlich geprägten Gesellschaft. „Pastoralmacht – individualisierend und totalitär – funktioniert nicht mehr, sobald die Kommunikationsmedien (Machtmittel) abhandengekommen sind, die Abhängigkeitsbeziehung mit Gewalt durchzusetzen. Die Drohung mit der Hölle wirkt dann nicht mehr. Der Hirt ist ohne Schafe."[16]

Co-Abhängigkeit – Abhängigkeit jenseits klarer Machtverhältnisse

Auch wenn die Kirchen heute nicht mehr in der Lage sind, Menschen zu kontrollieren, gesellschaftlich zu brandmarken und sozial zu exkludieren, sind die Programmierungen, die über Jahrhunderte tradiert wurden, bei den Beteiligten weiterhin wirksam, zumal die Amtskirche die zugrunde liegende Ordnung und deren inhärente Machtasymmetrie weiterhin für sakrosankt erklärt. Die empirische Forschung zeigt, dass Bindungen, die über Jahre im Rahmen der Sozialisation gelernt wurden, auf die gleiche Weise verlernt und erst in der nächsten Generation sichtbar werden.[17]

Wir erleben aktuell, dass viele dieser „2. Generation" gehen, häufig, nachdem sie sich lange aktiv für Veränderungen eingesetzt haben. Diejenigen, die bleiben, leben in Zwiespalt und zunehmender kognitiver Dissonanz: Was wurde und wird Menschen im Namen und durch Vertreter der Kirche angetan? Was lasse ich mit mir machen? Was kann ich noch aushalten oder verantworten? Wie lange spiele ich mit und sorge damit für die Aufrechterhaltung des Systems? Gehen oder bleiben?

Kognitive und emotionale Dissonanz entsteht dadurch, dass die Bilder von Kirche, dessen, wofür sie steht, der Art und Weise des Umgangs miteinander etc. mit denen der Amtskirche oder von bestimmten Vertretern der Amtskirche nicht mehr übereinstimmen und dies bewusst wahrgenommen wird. Das ist an sich kein Problem. Jeder erwachsene Mensch muss mit Ambivalenzen in seinem Leben umgehen und Dissonanzen aushalten. Toxisch wird es dadurch, dass man in die Kirche hineingeboren und in ihr über viele Jahre sozialisiert wurde, dass man u. U. sehr positive Erfahrungen in ihr gemacht oder sich für sie entschieden und vielleicht alles dafür aufgegeben hat, dass man die Möglichkeit sieht, dort wirksam zu sein oder seinen Lebensunterhalt zu verdienen. Man ist tief gespalten und zugleich existenziell gebunden.

Die Spannbreite im Umgang mit der Dissonanz ist groß:

- Man gibt sich naiv, schaut weg, will es nicht sehen, zumindest tut man so.
- Man unterwirft sich, verharrt in gelernter Hilflosigkeit und leidet.
- Man bagatellisiert, relativiert die eigene Wahrnehmung und die der anderen.
- Man geht in die innere Emigration (macht seinen Job und das war's).

- Man sucht sich ein Ventil (z. B. eine eigene virtuelle Blase) zum Ablästern oder um scheinbar Widerstand zu leisten (ohne wirklich Konsequenzen zu ziehen).
- Man will in seinem Bereich etwas Gutes machen und schaut nur darauf.
- Man sammelt Pluspunkte auf dem eigenen Konto (oder wahlweise Minuspunkte bei anderen) und achtet darauf, keine Fehler zu machen, um das ggf. ausspielen zu können.
- Man leistet real Widerstand und wird zum Opfer oder vermarktet seinen Widerstandskampf.
- Man lenkt den Fokus auf Themen, bei denen die Kirche gut dasteht oder verweist auf einen schlechten Umgang mit Macht anderer gesellschaftlicher Gruppen (Whataboutism).
- Man identifiziert sich mit denen, die Macht ausüben bzw. für existierende Machtverhältnisse stehen, übernimmt deren Sicht und Argumentation, wird u. U. selbst übergriffig.
- Man bleibt aus opportunistischen Gründen, vollzieht die religiösen und nicht-religiösen Rituale, ohne ihnen Bedeutung beizumessen.
- Man geht, still oder mit deutlicher Ansage.

Die Aufzählung macht die Gemengelage deutlich, innerhalb derer sich der:die Einzelne orientieren und verhalten muss.

Dynamik co-abhängiger Systeme

Soziale Abhängigkeit und Suchtverhalten liegen nahe beieinander. Religion hat Suchtpotenzial. Vieles von dem, was sich gegenwärtig zeigt, folgt der Logik abhängig verstrickter Systeme mit Suchtcharakter.[18] Typisch für solche Systeme ist ein Beziehungsmuster, in dem drei Rollen von zentraler Bedeutung sind: Verfolger:in, Opfer und Retter:in. Sie sind aufeinander bezogen und werden von den Beteiligten rotierend eingenommen: Der Trunksüchtige (Verfolger) schlägt seine Frau (Opfer). Sie beseitigt unbemerkt die Flaschen vor den Kindern (Retterin) und macht ihm dann massive Vorwürfe, wenn er nüchtern ist (Verfolgerin). Er zeigt sich reuig (Opfer) und bringt seiner Frau einen Blumenstrauß mit, in der Annahme, alles sei jetzt wieder gut (Retter). Man nennt das Dramadreieck. Nicht nur der/die Trinkende ist abhängig, alle Beteiligten sind co-abhängig und tragen Verantwortung für die Aufrechterhaltung der Beziehung.

Genau das spielt sich gegenwärtig in der Kirche unter denen ab, die bleiben. Es gibt faktisch keine Machtasymmetrie mehr: Jede:r treibt jede:n vor sich her.[19] Die Lage ist maximal unübersichtlich. Es gibt Verfolger:innen auf allen Seiten – rechts, links, oben, unten …, die es besser wissen, die angreifen, abwerten, kritisieren, zurechtweisen, anklagen, bloßstellen, an den Pranger stellen, das Kirche-Sein absprechen … Es gibt die zugehörigen Opfer, die solche Angriffe über sich ergehen lassen (müssen, wollen), die dafür bedauert werden, in ihren Blasen Mitleid erhalten … Und es gibt Retter:innen, die unterstützen, trösten, verteidigen, gute Ratschläge geben oder aber zudecken, vertuschen, bemänteln, weichzeichnen, ihre Arbeit machen. Im nächsten Augenblick verkehren sich die Rollen, Opfer oder Retter:innen werden zu Verfolger:innen, Retter:innen werden zu Opfern oder Verfolger:innen … ein toxischer Kreislauf, den man fokussiert in den Sozialen Medien tagtäglich nachverfolgen kann.

Die Erfahrung mit Systemen mit Suchtcharakter zeigt: Je länger man sich darin bewegt, desto schwieriger wird es, auszusteigen. Eher geht es dann gemeinsam in den Abgrund oder die Zersplitterung.

Umso wichtiger ist es, frühzeitig die Reißleine zu ziehen: Wie kann man unter den Bedingungen eines toxischen Systems Kirche gesund und handlungsfähig bleiben? Wie kann

Emanzipation gelingen und die eigene Resilienz gestärkt werden, um potenzielle Bedrohungen zu antizipieren, um Übergriffen effektiv vorzubeugen und ihnen zu begegnen, um Ambivalenzen und Dissonanzen angemessen zu bewerten und konstruktiv zu bearbeiten, um daraus zu lernen und gestärkt hervorzugehen?

Resilienzstrategien

Resilienz wird hier verstanden als eine Metakompetenz, die man trainieren kann. Sie verhindert unter Stress das Ausschalten des Großhirns. Dadurch lassen sich Situationen und ihre Entwicklung antizipieren, Handlungsspielräume bleiben erhalten und vorhandene Kompetenzen können breit eingesetzt werden.

Sich selbst ermächtigen

Die wichtigste Voraussetzung, um resilient gegen Abhängigkeit und Verstrickung zu werden und damit autonom handlungsfähig zu bleiben, liegt im Erkennen der Bindungsmechanismen, die wirksam sind, um sie aktiv zu unterbrechen, also bewusst auszusteigen.

Die Veränderung beginnt dabei im Kopf. Zunächst gilt es, sich bewusst zu machen, dass die Kirche faktisch über keinerlei Machtmittel mehr verfügt, um Menschen zu etwas zu zwingen, weder physisch, wie im Mittelalter, noch psycho-sozial, wie in Zeiten der Volkskirche. Insofern gibt es für erwachsene Menschen im Normalfall keine strukturelle Abhängigkeit mehr – sofern keine psychischen Beeinträchtigungen vorliegen.[20] Ich kann jederzeit und zu allem Nein sagen – und es passiert nichts.

Ein Bindungsmechanismus funktioniert unidirektional und besteht darin, dass Amtsträger (oder auch Autoritätspersonen, die einen Vorteil aus dieser Konstruktion ziehen) mit Verweis auf die Tradition oder den Willen Gottes Gehorsam (Unterwerfung, Wohlverhalten, ...) verlangen und bei Zuwiderhandlung suggerieren, man werde dem göttlichen Willen gegenüber schuldig (Schuldinduktion). In verschärfter Form wird mit göttlicher Autorität bewehrter Exklusion von den kirchlich reservierten Heilsgütern gedroht, sei es zu Lebzeiten (z. B. keine Sakramente mehr), im Tod (keine Beerdigung mehr) oder im Jenseits (ewiges Leben). Es entsteht Abhängigkeit 1. Ordnung. Der Trick funktioniert nur, solange die Kontexte, wie es in der Volkskirche gegeben war, dem in die Hände spielen und man die Prämisse teilt, die diesem Mechanismus zugrunde liegt: Gott habe der Kirche die Macht und den Auftrag verliehen, so zu handeln. Das ist jedoch eine Konstruktion – man kann es auch Hirngespinst nennen –, die genutzt werden kann und wird, um Macht auszuüben und andere in Abhängigkeit zu halten. Und: Die Kontexte haben sich verändert. Die Volkskirche als soziale Kontrollinstanz existiert nicht mehr. Kognitive (Selbst-)Umprogrammierung: Ich werde nicht schuldig und niemand bestraft mich, wenn ich „ungehorsam" bin.

Ein zweiter Bindungsmechanismus gewinnt zunehmend an Bedeutung. Er funktioniert wechselseitig, führt in eine Abhängigkeit 2. Ordnung und ist wesentlich schwerer zu durchbrechen: In dem Maße, wie die faktisch vorhandene Macht der Institution schwindet, sich Machtansprüche als heiße Luft erweisen und die Organisation auseinanderfällt, spielt Schuldinduktion eine immer geringere Rolle, weil sie nicht durchsetzbar ist. Diejenigen, die bleiben, wollen bleiben und haben eine starke innere Bindung an die Kirche in ihrer jetzigen Form. Sie brauchen die Kirche aus unterschiedlichsten Gründen. Sie verstricken sich dabei immer tiefer in die zuvor beschriebene wechselseitige Abhängigkeit, vergleichbar einer Suchterkrankung. Kommunikation und Beziehungen folgen dem Muster des Dramadreiecks: Die Akteur:innen sind Verfolger:innen, Opfer oder Retter:innen zugleich und das dynamisch im Wechsel. Der Ausstieg aus dieser Beziehungslogik ist ungleich schwerer, weil es keine einfachen Lösungen gibt, weil es keine „Guten" und „Schlechten" mehr gibt, weil richtig oder falsch vom Standort des:der Beobachter:in und dem jeweiligen Kontext abhängig sind. Aussteigen setzt die Kontrolle der eigenen Bedürfnisse, Emotionen und Impulse voraus. Der entscheidende Schritt ist hier, zu akzeptieren, dass Kirche in ihrer jetzigen Form nicht mehr konsensfähig ist und daher keine Zukunft mehr hat. So wie Co-Abhängigkeit die Suchterkrankung nicht beendet, beenden Aktionen im Dramadreieck nicht das Drama dieser Form von Kirche. Genauer: Die Beteiligten reiten sich wechselseitig immer tiefer in den Morast und beschleunigen den Zusammenbruch. Die Haltung, die zu Heilung führt, ist Loslassen: Nicht mehr richten, nicht mehr retten, nicht mehr leiden.

Grenzen ziehen

Solange man sich innerhalb der Kirche bewegt, kann man zwar über vieles hinwegsehen, Verlautbarungen der Kirchenobrigkeit oder solcher, die sich dafür halten, wegatmen, Anordnungen flexibel begegnen und ausweichen oder so tun als ob. Dennoch muss man in der Kirche immer mit Machtmissbrauch, Instrumentalisierung und Übergriffen rechnen, solange sie hierokratisch und absolutistisch verfasst ist. Dafür braucht es ein Repertoire an Möglichkeiten, angemessen und wirkungsvoll zu reagieren.[21]

Auch hier ist die Haltung entscheidend. Christenmenschen sind i. d. R. über eine lange Zeit so programmiert worden, dass Aggressionen bzw. aggressives Verhalten

ethisch nicht erlaubt oder moralisch böse ist. Die ur-
menschliche Fähigkeit, bei Bedrohung oder Verlust Ärger
und Wut zu spüren, diesem Gefühl bzw. Impuls Ausdruck
zu verleihen und es in Form aggressiven Verhaltens in der
Auseinandersetzung mit der Umwelt gezielt einzusetzen,
wurde im Rahmen der Sozialisation vielfach regelrecht ab-
trainiert. Im Ergebnis sind Menschen dann strukturell behindert, sie können ihr Abgrenzungspotenzial nicht abrufen. Aggressiv gehemmt zu sein, wird dann sekundär als
ethisch-moralische Qualität stilisiert. Faktisch hat das mit
Ethik oder Moral nichts zu tun, weil diese Menschen gar
nicht anders können. Ethisches oder moralisches Handeln
setzte voraus, dass man entscheiden kann, so oder so zu
handeln. Oder anders: Man muss Schwein sein können,
um es nicht zu sein. Und das kann man lernen.

Genau das spüren Menschen, die andere manipulieren,
intuitiv. Es braucht eine klare Haltung, instrumentalisieren-
des oder grenzüberschreitendes Verhalten schon im Ansatz
nicht zu dulden und klare Grenzen zu ziehen, damit sie spüren: „Mit dem:der ist nicht gut Kirschen essen" oder
„Den:die will ich nicht als Gegner haben". Hier geht es nicht
um eine Schuldumkehr. Verantwortung und Schuld für
Machtmissbrauch, Instrumentalisierung oder auch Übergriffe liegen eindeutig bei dem:der Täter:in. Intendiert ist Selbststeuerung und Ermutigung zur Abgrenzung im Vorfeld.

Dennoch kann es zu Versuchen kommen. In dieser Situation ist es wichtig, angemessen eskalieren zu können.
Gemeint ist die Haltung und die Fähigkeit, in einer Auseinandersetzung schrittweise härtere Bandagen zu benut-
zen, die Auseinandersetzung immer weiterzutreiben, sie öffentlich zu machen …, bis der:die Gegenspieler:in aufgibt,
weil das Risiko zu hoch wird oder die Umwelt einschreitet.
Das Prinzip lautet: Der Gegenschlag wird härter sein! Diese
Haltung ist spürbar und schreckt ab.

Die Mittel, die man auf dem Weg zu maximaler Eskalation einsetzen kann, sind vielfältig. Die Kunst der Auseinandersetzung liegt darin, die in der jeweiligen Situation auf den:die Mitspieler(innen) bezogen adäquaten Mittel zu wählen (also jene, die wehtun) und sie so zu dosieren, dass man sein Pulver nicht zu früh verschießt und hinreichend Steigerungsmöglichkeiten hat. Im Rahmen der Konfliktforschung gibt es viele Hinweise, wie eine Eskalation aussehen kann.[22] Markante Interventionen können sein:

- Verbal und körperlich klare und eindeutige Grenzen ziehen,
- Erfahrungen und Erlebnisse dokumentieren (ggf. mit Ton- oder Videoaufnahmegerät),
- mit (realistischen) Konsequenzen drohen (z. B. Vorgesetzte informieren, in Öffentlichkeit gehen, …; dazu ggf. auch kompromittierende Informationen sammeln),
- Ultimaten setzen (um den nächsten Eskalationsschritt vorzuprogrammieren),
- Verbündete suchen und konzertiert vorgehen (Koalitionspartner:innen),
- MAV/Vorgesetzte informieren und einschalten,
- Öffentlichkeit herstellen und eine Welle machen (von Weitererzählen im Umfeld bis zur Presse),
- bei ersten Anzeichen und kleinsten Übergriffen maximale Aufmerksamkeit im Umfeld erzeugen,
- bei Vorgesetzten anzeigen (Dokumentation wichtig),
- bei der Polizei anzeigen (Dokumentation wichtig).

Kognitive Programmierung: Schuld ist keine Kategorie, wenn es ums Überleben geht. Ich bin bereit, so weit zu gehen, dass der:die Angreifer:in alles verliert. Ich ziehe es (mit Unterstützung) ohne Skrupel durch.

Die innere Distanzierung von der aktuellen Gestalt der Kirche, die nicht mehr zu retten ist, schafft Freiraum dafür, Gleichgesinnte zu suchen, um als erwachsene Christ:innen ihr Menschsein, Christsein und Kirchesein in Selbstverantwortung zu leben und sich den Glaubens- und Erfahrungsraum selbst zu schaffen, der gebraucht wird. Solche Räume können mit eigener Logik konstruiert werden. Das schließt auch einen anderen Umgang mit Macht und machtrelevanten Themen mit ein, um diese Räume nicht nur zu relevanten, sondern auch zu sicheren Orten zu machen. Das geht gleichermaßen innerhalb und außerhalb der Kirche.

Netzwerke funktionieren nicht über Ordnungen oder Anordnungen, sondern über Commitments zwischen Partner:innen auf Augenhöhe. Das verstehen auch die Vertreter:innen der Amtskirche, wenn man ihnen mit der entsprechenden Haltung gegenübertritt. Man muss sich Folgendes klarmachen: Menschen, die in der Kirche bleiben oder gar mitarbeiten, sind ein hohes Gut. Das wissen Priester schon seit langem. Aus diesem Grund hat die Kirche ein hohes und zunehmendes Interesse, Menschen in der Kirche zu halten. Die Verantwortlichen sind sich durchaus bewusst, dass dies einen Preis hat, und sind i. d. R. auch bereit, diesen Preis zu zahlen.

Wer sich als gläubige Gemeinschaft innerhalb oder außerhalb der Institution oder in einer konfessionellen Grauzone bewegt, muss nicht auf kirchliche Infrastruktur (z. B. Kirchen) oder auch Dienstleistungen verzichten. Es ist ein Geschäft: Angebot und Nachfrage, Leistung und Gegenleistung sind entscheidend. Um in solchen Situationen als Einzelperson, die sich engagieren möchte, oder als Gruppe, die Kirche als Plattform nutzen möchte, gut verhandeln zu können, muss man sich seines Wertes (in den Augen des Vertragspartners) bewusst sein. 173

Konkret sollte man für sich klar haben, was das ange- strebte Maximum im Verhältnis von erwarteter Leistung und zu erbringender Gegenleistung ist, das man erreichen will, und was das Minimum ist, dass man diesbezüglich mit- gehen würde. Dazwischen muss die Lösung liegen, ansons- ten kommt es nicht zur Einigung. Die Stärke der Verhand- lungsposition ergibt sich aus den Alternativen, die man hat (z. B. für ehrenamtliches Engagement oder als Plattform für soziale oder künstlerische Aktivitäten). Je näher die beste Al- ternative am angestrebten Maximum liegt, desto höher kann man das Limit in der Verhandlung ansetzen.[23]

An Veränderung arbeiten

Wenn man die bestehende Gestalt von Kirche kritisch beur- teilt und die Praxis dissonant erlebt, ist es auch eine Opti- on, in der Kirche zu bleiben, um sie zu verändern. Sie setzt voraus, dass man selbst die Kraft dazu hat und eine realis- tische Entwicklungsperspektive sieht.

Der Weg, sich für (grundlegende) Veränderungen ein- zusetzen, kann dabei sehr unterschiedlich sein. Aus Füh- rungsperspektive kann man auf allmähliche Anpassung, also linear-stetige Veränderung setzen (was der Regelfall ist) oder aber top-down und gezielt Räume und Rahmenbe- dingungen schaffen, die eine disruptiv-sprunghafte Ver- änderung ermöglichen.[24]

Alle, die nicht in Führungsverantwortung stehen, sollten sich im eigenen Interesse überlegen, wie sie wirkungsvoll an Veränderungen arbeiten können, ohne co-abhängig zu wer- den und dabei sinnlos die eigenen Ressourcen und Poten- ziale zu vergeuden: Lasse ich mich auf die x-te (Struk- tur-)Reform ein, die Kirche in ihrer bisherigen Form reproduziert (nur irgendwie größer) oder geht es mir um eine tiefgreifende Kulturveränderung, die an die DNA der

Organisation geht, um die nächste Kirche, die in einer veränderten Gesellschaft bestehen kann? Wie und wo kann ich überhaupt Einfluss nehmen? Was tue ich, wenn es keine Möglichkeit der Einflussnahme gibt?

Führungskräften sollte bewusst sein, dass es eine erneute Form der Instrumentalisierung ist, Menschen für Veränderungsprozesse zu begeistern, die letztlich nur dem Erhalt des Status quo dienen. Menschen, die tiefgreifende Veränderung möchten und bereit sind, daran mitzuwirken, sollten umgekehrt frühzeitig allen Versuchen dieser Art einen Riegel vorschieben.[25]

Man kann versuchen, Räume einer alternativen Praxis von Kirche zu schaffen und Kirche auf diese Weise bottom-up zu verändern. Alternativ kann man aber auch Widerstand leisten und ungehorsam sein. Auch das ist eine mögliche, u. U. sehr effiziente Strategie, Änderungsimpulse zu setzen.[26] Sie setzt darauf, das Funktionieren der Organisation zu stören, letztlich zu unterbrechen, um auf diese Weise bottom-up und emergent disruptiv-sprunghafte Veränderung zu ermöglichen. Auch hier ist das Vorgehen umso effizienter, je mehr Akteure mitwirken, je vernetzter agiert wird. Die Gefahr, in Co-Abhängigkeit zu geraten, ist auch hier groß. Dass es gelingen kann und Wirkung erzeugt, zeigt die Initiative #OutInChurch. Das Beispiel unterscheidet sich wohltuend von anderen Initiativen oder Akteuren, die das Spiel im Dramadreieck betreiben.

Exit-Strategie

Generationen haben sich eingesetzt, um Kirche zu verändern. Mit mäßigem Erfolg, wenn man an die Effekte auf die klerikale Verfasstheit, den Missbrauch und seine Vertuschung, v. a. aber die notorische Weigerung, Umweltreferenz herzustellen, denkt und den daraus resultierenden

175

Vertrauens- und Relevanzverlust der Kirche betrachtet. Kirche zu verändern, sei es in konstruktiv-dialogischer oder widerständig-verweigernder Form, ist keine moralische Pflicht. Auch dies zu postulieren, wäre eine Form der Bindung und der Instrumentalisierung, gerade weil jene, die es betrifft, kaum über die Mittel verfügen, es wirksam zu tun.

Die Möglichkeit, Kirche zu verlassen und das Bewusstsein, diesen Schritt ohne Schaden gehen zu können, ist der stärkste individuelle Resilienzfaktor. Es geht dabei einzig und allein um ein subjektives Kalkül[27]: Wenn der Verlust, der sich aus dem Bleiben ergibt, größer ist als der Gewinn, wenn das Bleiben im Ergebnis zu nichts nütze ist und nichts bewirkt, dann ist es Zeit zu gehen, ohne Schuld, ohne Scham, ohne Häme, ohne Groll. Es ist, wie es ist.

4.4 „Ich bin berufen, euch zu sagen, wo es lang geht" – Kritische Rekonstruktionen missbräuchlicher Pastoralmacht – fatale Theologie?!

Oliver Wintzek

Die Überschrift ist ein Zitat aus den Berichten von Betroffenen missbräuchlicher Pastoralmacht und lässt tief blicken. Es offenbart eine toxische Mischung fataler theologischer Begründungmuster, die zwischen überheblicher Berufungsideologie und der Arroganz eines exklusiven Sonderwissens oszillieren. Solche „Theologie" hat ein erhebliches Gefährdungspotential, das sich als Machtmissbrauch bis hin zu sexualisierter Gewalt auswirken kann. Im Folgenden werde ich eine begründete These vortragen: Es geht mir um die amts- und offenbarungstheologisch abgesicherte Logik eines hermetischen klerikalen Systems, welches das Selbstverständnis der Amtskirche als unanfechtbare Instanz von normativer (Gottes-)Gewissheit angeht. Begründungslogisch greift man zu kurz, hier nur einen typischen Mechanismus am Werke zu sehen, wie er einer jeden Institution um ihres Selbstschutzes willen eigen ist. Der entscheidende Punkt scheint mir darin zu liegen, dass der kirchlich-klerikale Selbstschutz auf etwas abzielt, das „nicht von dieser Welt" ist: Es geht um eine Selbststilisierung der Amtskirche als exklusiv autorisierter Hüterin eines Wissens unbedingter Geltung. Es geht um das, was in theologisch eingeübter Routine als „Offenbarung" bezeichnet wird und als inhaltliche Stütze formaler „Berufungsgewissheit" fungiert.

Die Kundgabe eines göttlichen Anspruchs von außen – die Verzahnung von ekklesiologischem und offenbarungstheologischem Diskurs

In treffender Weise erschließt Hansjürgen Verweyen Offenbarung als „Kundgabe eines göttlichen Anspruchs als *von außen* an meine Vernunft herangetragen, nicht aus ihrer eigenen Intentionalität gezeugt oder produzierbar. Sie wird als Gabe eines Anderen verstanden, die diesen Charakter als Gabe unauslöschlich behält."[1] Damit mag die theologische Selbstverständlichkeit des mit Offenbarung zumindest in formaler Hinsicht Gemeinten getroffen sein. Jenseits tiefer gehender kritischer Anfragen, die diese Selbstverständlichkeit in gnoseologischer und auch inhaltlicher Bestimmtheit auf den Prüfstand konsistenter Denkbarkeit seitens des rezeptiven Vernunftsubjektes stellen, das dieser „Gabe" ihre offenbarungsmäßige Normativität allererst zuschreiben muss, auf dass es dann wiederum als vernunfttranszendent gelten können soll, ist zunächst festzuhalten, dass bekanntlich die Offenbarungskonstitution des letzten Konzils die personale Qualität der Offenbarung als einer Selbsterschließung Gottes gegenüber dem bis dato vorherrschenden Verständnis einer informationstheoretischen Kundgabe betont hat. Gleichwohl ändert diese formale Umstellung an der grundsätzlichen Verhältnisbestimmung von Subjekt und Objekt der Offenbarung nichts. So kommentiert etwa Helmut Hoping die einschlägigen Formulierungen aus *Dei Verbum* wie folgt: „Anders als im 1. Vatikanischen Konzil wird die Offenbarung nicht mehr in einer abstrakten Weise als Mitteilung der ‚Dekrete des göttlichen Willens' verstanden. Vielmehr ist die Gesamtbeziehung zwischen dem sich offenbarenden Gott und den Menschen als eine Beziehung der Liebe und der Freundschaft gekennzeichnet."[2] Der Modalitätsshift von der Autorität des sich offenbarenden Gottes zu einer latent lyrischen personalen Kommunikations-ebene geschichtlicher Art ändert indes an dem Grundproblem eines *extra nos* der göttlichen Selbstkundgabe hinsichtlich einer wie auch immer befähigten Rezeptivität der menschlichen Vernunft nichts.

Saskia Wendel bringt diesen Sachverhalt auch unter Einbeziehung der inhaltlichen Qualität von „Offenbarung" treffsicher auf den Punkt: Die sich durchhaltende Distinktion zwischen Offenbarung und Vernunft „folgt einem immer noch wirksamen subkutanen Rest-Extrinsezismus, denn das prinzipiell unendliche Ausgreifen der Vernunft wird dogmatisch abgebrochen, wenn ihr abgesprochen wird, über alle Gehalte des Glaubens autonom urteilen zu können, und wenn ihr (…) Glaubensgehalte zwar als Reflexionsgegenstand, nicht aber als ein aus ihr selbst gegebener Gegenstand zugestanden werden."[3] So laviert auch Gerhard Ludwig Müller vage um den Kern des Problems herum: „Der Glaube gründet in einer (…) personalen Begegnung mit Gott in seinem Wort und Wirken. (…) Die von uns her unzugängliche Unmittelbarkeit Gottes wird von ihm her zugänglich auf der Ebene der geschichtlichen Vermittlung. (…) Was die Offenbarung nach Inhalt und Form ist, und welches die Bedingungen sind, unter denen sie angenommen und erkannt werden kann, ergibt sich erst aus einer Analyse der *Begegnung* mit ihr selbst im Kontext ihrer Überlieferungsstruktur."[4]

Als konkrete Begegnungsinstanz tritt nun jene Größe auf, die sich um ihres übernatürlichen Selbstschutzes willen als verbürgt unanfechtbar verstehen muss: Die Kirche, von der Müller zu Protokoll gibt, hier sei der „Inhalt der Überlieferung (…) identisch mit ihrem Träger und ihrem Subjekt: (…) Gott spricht mich in Jesus Christus inmitten des Überlieferungsprozesses der Kirche unmittelbar an."[5] Zu Recht sieht hier Gregor Maria Hoff eine Kontinuität am

Werk, der durch die modale Oberflächenkorrektur allein nicht beizukommen ist, denn nach wie vor ist der „Ort, an dem dieser Wille Gottes (...) auftritt, wo er sich also offenbart, (...) die Kirche. (...) Der ekklesiologische und der offenbarungstheologische Diskurs werden auf diese Weise verzahnt"[6] – und sind es bis in die Gegenwart.

Dies hat mit entsprechenden theologischen Weichenstellungen zu tun, innerhalb derer sich die geforderte Unanfechtbarkeit übernatürlicher Gottesgewissheit und die Unanfechtbarkeit ekklesialer Gewissheitshabe gegenseitig bedingen und stützen.

Antimodernistische Altlasten – der katholische Deismus einer absoluten ekklesialen Ermächtigung

Die neuralgische Schnittstelle von unbedingter Heilswahrheit, die bei aller kommunikationstheoretischen Modellierung als streng ungeschuldete Gottesgabe gilt, und exklusiver Bindung an eine auf das kirchliche Amt zugeschnittene Vermittlung stellt einen wesentlichen Grund dafür dar, warum sich eine geradezu systemische Notwendigkeit klerikalen Machtmissbrauchs etablieren konnte oder gar systemimmanent ausbilden musste. Die von Magnus Striet aufgeworfene Frage, ob nicht „theologische Denkfiguren im Raum der Kirche missbrauchsbegünstigend, weil systemstabilisierend gewirkt haben könnten",[7] fände hier ihre bestätigende Antwort. Ja: „Was um jeden Preis geschützt werden sollte, war das sakramentale Amt, über das aus historisch-politischen Gründen die Identitätskonstruktion des Katholischen betrieben wird."[8] Habitualisierte Theologiekonstrukte haben eine Geschichte und tragen stets die Patina ihrer konflikthaften Genese an sich. Bei der diagnostizierten Offenbarungskonstellation ist eine kritische Rekonstruktion auf jene Epoche verwiesen, die sich der Moderne meinte verweigern zu müssen – das 19. Jahrhundert, das man als das „lange Jahrhundert" bezeichnen kann, da die entscheidenden Weichenstellungen bis in die kirchliche Gegenwart fortdauern.[9] Das Konfliktpotential, mit dem sich die obsiegende Römische Schule konfrontiert sah, forderte eine doppelte apologetische Stoßrichtung. Zum einen galt es, die Vernunftgemäßheit der Offenbarungsinhalte gegen jegliche Bestreitungen abzusichern. Zum anderen sollte ihre strikte Übervernünftigkeit betont werden, ohne dass dies dem zugrunde gelegten Paradigma höchster Gewissheit abträglich ist. Zuletzt musste die kirchliche Autorität als jene Garantieinstanz gelten, die sich nicht nur dem Gewissheitsideal kongenial begreifen lässt, sondern die übernatürliche Offenbarungswahrheiten in heilsrelevanter Hinsicht exklusiv verwaltet. In negativer wie in positiver Hinsicht sichtet Hoff den beschriebenen Sachverhalt wie folgt: „Der hochkochende Antimodernismus verweigert sich der kopernikanischen Wende zum Subjekt; die Ansprüche der aufgeklärten Vernunft auf autonome Selbstbestimmung werden auf die Auslegungsautorität des kirchlichen Lehramts festgelegt."[10] Im 19. Jahrhundert etablierte sich ein fatales Theologiesystem, in dem ein modernes Erkenntnismodell höchster Gewissheit mit einem Inhalt höchster Vernunftjenseitigkeit in der Vorstellung einer letztlich infalliblen Lehrinstanz koinzidierte. Es ist hier von einem „katholischen Deismus" zu sprechen, bei dem der Zugang zur Heilswahrheit ausschließlich über die ekklesiale Autorität erfolgt, die sich mit der Autorität Gottes de facto symbiotisiert – und damit gegenüber allen Kritiken immunisiert. So formulierte Giovanni Perrone: „Die lehrende und richtende Kirche ist (…) die (…) Glaubensregel für alle Gläubige: (…) ihre durch göttliche Autorität beglaubigte Lehre bildet den obersten Erkenntnis- und Beurteilungsgrund, das Höchste der von Gott geoffenbarten Wahrheit, vermöge dessen ein Jeder katholisch ist und bleibt."[11] Die lehrende Kirche spricht sich selbst eine Autorität zu, die in herrscherlicher Attitüde über ein streng übernatürliches Heilsgut verfügt und ihre Pastoralmacht in exklusiver Weise zum Ausdruck bringen muss. Alternative theologische Modelle einer Vernunftautonomie tauchen nur als Karikatur ihrer selbst auf. So insinuierte der biographisch schillernde, aber theologisch wirkmächtige Joseph Kleutgen: „Der denkende Geist soll von nun an den Inhalt des christlichen Bekenntnisses mit Freiheit prüfen, und dieser Prüfung zufolge entscheiden, inwieweit derselbe noch als Wahrheit anzuerkennen, oder inwieweit er, um der erleuchteten Wissenschaft zu entsprechen, umzuformen sei. Es leuchtet ein, dass jeder Christ mit dem Oberhaupte unserer Kirche diese Prüfung für ein verwegenes und gottloses Unterfangen erklären muss (…). Gott hat der Menschheit nicht bloß die Wahrheit verkündigen lassen, sondern auch ein Lehramt eingesetzt, das dieselbe getreu bewahre und unfehlbar deute."[12] Ekklesiale Selbstermächtigung hinsichtlich einer vernunftjenseitigen Gotteswahrheit und Abwehr vernunftgemäßer Beurteilung derselben gehen Hand in Hand. Argumente gegen einen ekklesiozentrischen Heilspartikularismus oder eine prinzipielle Infragestellung der objektiven Offenbarungsveranstaltung zugunsten subjektbasierter Einsehbar- und Begründbarkeit können in diesem System nicht vorkommen.

In dem Maße, in dem subjektbezogene Vernünftigkeit inkriminiert wurde, suchte die römische Theologie in „der Auseinandersetzung mit den erkenntnistheoretischen Ansprüchen der Moderne (…) nach einem Ausweg, der eine entscheidende Voraussetzung übernahm: einen Erkenntnisbegriff, der unter der Hand das Konzept Glauben bestimmte. Im Paradigma erkenntnistheoretischer Sicherheit hatte das Folgen für das Offenbarungsverständnis. Offenbarung

bietet instruktionstheoretisch Informationen über Gott an,

also ein unbezweifelbares Glaubenswissen."[13] Dies gilt es im Sinne dieser zirkulär verfahrenden Autoritätstheologie ekklesialer Gottesermächtigung unbedingt zu wahren, mochte dies auch zu Lasten einer konsistenten Denkbarkeit in formaler wie inhaltlicher Art gehen. So wird man wie folgt in Kenntnis gesetzt: „Der in jeder Hinsicht unfehlbare Gott selbst hat sich herabgelassen, (…) die Kirche (…) mit einer gewissermaßen anteiligen Unfehlbarkeit zu beschenken, (…) die (…) von der (…) Salbung durch die Gnade des Heiligen Geistes abhängt, (…) aufgrund der Verkündigung derer, die mit der Nachfolge im Bischofamt die sichere Gnadengabe der Wahrheit empfangen haben."[14] Diese Zeilen entstammen der Enzyklika *Mysterium Ecclesiae* von 1973 (!). Die Rede von einem wahrhaft langen 19. Jahrhundert ist nicht aus der Luft gegriffen.

Ein Paradigmenwechsel grundsätzlicher Art –
die Umjustierung von einer autoritativen Begründungs- zu
einer begründungsfähigen Deutungslogik

Das poetische Kolorit der Passage aus *Mysterium Ecclesiae* nimmt dem Selbstverständnis des klerikalen Systems als einer göttlich bevollmächtigten Hüte- und Zuteilungsinstanz von Heilswahrheiten nichts von ihrer habitualisierten Prägekraft, die in folgerichtiger Weise um der Aufrechterhaltung ihres Selbstverständnisses willen jeden Imagemakel fernhalten muss. Die personale Umstellung des Offenbarungsgeschehens dürfte womöglich noch verstärkend gewirkt haben, gilt es nun, die bisherige Uneinsichtigkeit der Gehalte, die sich allein der göttlichen Autorität verdanken, in den Prozess kommunikativer Begegnung zu transformieren, der nicht weniger exklusiv, dafür aber noch weniger kontrollierbar ist – und damit die Selbststilisierung auratischer Art amtstheologisch noch verstärkt haben dürfte. So erfuhr man bei Albert Lang, durch ihren Offenbarungs-ursprung werde die „Wahrheit (…) auf eine übernatürliche Ebene gehoben und an die Stelle der Unsicherheit (…) wird die absolute Gewissheit (…) gesetzt. Gewissheit ist aber in allen wichtigen Lebensfragen das größte Geschenk"[15] – ein Geschenk indes, das sich in exklusiver Weise der Klerikal-macht der Kirche verdankt: „Sein [sc. Christi] Wort erhält durch die Organe, die er bestellt hat und die er mit seiner [!] Autorität (…) ausgerüstet hat, fortdauernde Gegenwart (…). [D]ie Mitteilungen, deren uns Gott würdigt, (…) for-dern gläubige Hinnahme. Das liegt in der einzigartigen Au-torität Gottes (…) begründet."[16]

Theologische Systembildungen sind Reflex auf Heraus-forderungen ihrer jeweiligen Zeit. Die Weichenstellungen des 19. Jahrhunderts prägen das ekklesiale und zuvorderst amtstheologische Selbstverständnis nachhaltig und begüns-tigen nach wie vor eine fatale Selbststilisierung. Es braucht deswegen eine offenbarungs- und amtstheologische Umjus-tierung grundsätzlicher Art. Der subkutane Rest-Extrinse-zismus ist zu verabschieden – und in eins damit ein klerika-les Selbstbild, das sich eine unanfechtbare Autorität zumisst. Dabei geht es zudem um „das Problem von Macht und Ohnmacht. Es wird in die Autoritätsfrage der Offen-barungstheologie überführt (…). Angesichts der realen Ohnmacht der eigenen Position wird ihre wirkliche Macht (…) ausgelagert und zugleich für die Gegenwart in der Un-befragbarkeit (…) bewahrt."[17] Eine Umjustierung umfas-sender Art ist in der Tat das Gebot der Stunde, die um die reale „Ohnmacht" der Vernunft angesichts des Absoluten weiß und diese nicht als göttliche verbürgte „Macht" im Sinne eines Etikettenschwindels behauptet. Der Offen-barungsbegriff soll keineswegs „entsorgt werden, sondern es soll ihm (…) eine andere Funktion und Bedeutung gege-

ben werden. Offenbarung wird nicht länger als Begrün-

dungsinstanz für die ‚Bestandsicherung' von Glaubensüber-
zeugungen gebraucht (...)."[18] Vielmehr ist Offenbarung
„eine durch die Vernunft im Vollzug ihrer Deutungspraxen
selbst bereitgestellte Bezeichnung für sich selbst und ihr
Vermögen (...). Im Zuge dieser Deutung kann sie (...) ihre
Gehalte aus sich selbst heraus, ohne zusätzliche göttliche
Intervention (...) entwickeln (...). Offenbarung ist also
Teil jenes ‚als ob' glaubender Sinn- und Lebensdeutung,
dessen Basis das Postulat der Existenz Gottes ist, und darin
ist sie unverzichtbar. Als Begründungsinstanz jedoch ist auf
sie durchaus zu verzichten"[19] – zumal wenn sie den Gehalt
des offenbaren Gottes in ein klerikales Machthandeln überführt, zu dem es keine „Berufung" geben darf.

4.5 Geistliche Berufung als Kompensationsmechanismus – Nährboden missbräuchlicher Handlungsspielräume? – Psychodynamische Anmerkungen eines Psychiaters

Martin Flesch

In den zurückliegenden 25 Jahren traf ich in meiner eigenen gutachterlichen und therapeutischen Praxis in einer Vielzahl von Fällen auf Männer und Frauen jeglichen Alters, die ihrer, wie sie verdeutlichten, „inneren Stimme" gefolgt waren und den Weg einer Geistlichen Berufung beschritten hatten. Dabei eröffnete sich mir das gesamte Spektrum seelischen Leidens und – häufig damit verbunden – sämtliche Schattierungen missbräuchlicher Strukturen. Die sich mir offenbarenden Patientinnen und Patienten befanden sich in diesem Zusammenhang entweder in einer existentiellen Lebenskrise, verbunden mit teils auch schweren überdauernden psychischen Störungen, fühlten sich in „ihrem System Kirche" wenig gewürdigt, ausgegrenzt oder gar abgeschoben, oder aber sie waren bereits verhaltensauffällig geworden und im gutachterlichen Auftrag ihrer Diözese in meine Praxis gesandt worden. Mit anderen Worten, ich sah sehr zahlreich und vielfältig Menschen, die sich sozusagen auf „beiden Seiten einer Medaille" befanden und somit sowohl als Opfer als auch als Verursacher missbräuchlicher Handlungen und Entwicklungen vorsprachen.

Mit zunehmender Anzahl der Fälle und Fallbeispiele reifte schließlich gelegentlich, dann aber immer häufiger und in den letzten Jahren dagegen sehr drängend in mir die Frage, welche psychodynamischen Schnittmengen diese in jeglicher Hinsicht Betroffenen eigentlich aufweisen, oder aber, anders gefragt, ob es denn einen, sämtlichen biographischen Verläufen eigenen und gemeinsamen, zeitlichen Schnittpunkt geben könnte, welcher bereits Aufschluss über die dann später einsetzenden Krisen, psychopathologischen Phänomene oder Verhaltensauffälligkeiten – jeweils im Sinne einer Erwartbarkeit seelischer Krisen – geben könnten?

Tatsächlich wurde ich hier ergiebig fündig, indem ich die Betroffenen nicht nur nach ihren damaligen Motiven und Beweggründen ihrer inneren Berufungserlebnisse befragte, sondern darüber hinaus ganz konkret *nach dem Zeitpunkt* ihrer persönlich getroffenen Berufungsentscheidung, und insbesondere nach dem ihrer Meinung nach zu genau diesem Zeitpunkt bestehenden eigenen persönlichen Entwicklungs- und Reifungsgrad.

In diesem einen Zielpunkt meiner Befragungen und Analysen fanden sich dann eine Vielzahl von Parametern, die von den Betroffenen immer wieder genannt wurden und die sich in der Aufsummierung über die Jahre hinweg als diejenige Schnittmenge herauskristallisierten, welche auf Basis meiner Erfahrungswerte als eine *Ansammlung von Risikofaktoren* bezeichnet werden kann, in dem Sinne, dass ihre positive Bestätigung bereits als konstellativ fördernd und prädisponierend für spätere seelische Krisen, akute Belastungsreaktionen, Anpassungsstörungen oder gar Verhaltensauffälligkeiten in den jeweiligen Geistlichen Berufen angesehen werden konnte.

Der kleinste gemeinsame Nenner, welcher sich nahezu in erschreckender Weise regelhaft herausbildet, wenn man sich Menschen therapeutisch oder gutachterlich zuwendet, die ihre Geistlichen Berufungen aus persönlichkeitsbezogenen, strukturellen oder psychodynamischen Gründen im „System Kirche" nicht mehr leben können, erklärt sich aus folgenden *Parametern*, die ich als Risikofaktoren für spätere krisenhafte Entwicklungen bezeichne:

1. *Faszination für das Religiöse:* Viele Betroffene geben an, bereits in ihrer frühen Kindheit, spätestens jedoch in der Jugend, eine kaum erklärbare Faszination für religiöse Elemente und ritualisierte liturgische Handlungen bei sich festgestellt zu haben.

2. *Einzig gangbarer Weg:* Beständig höre ich, dass der Weg der Geistlichen Berufung bereits zu einem frühen Zeitpunkt „gereift" sei und sich demzufolge keine wirkliche gangbare Alternative im Lebensentwurf aufgezeigt habe.

3. *Ein sicherer Ort, wo ich sein kann, darf:* Vielen Betroffenen bot diese Entscheidung einen Ort der Sicherheit, der Erlaubnis zur eigenen Existenz in einer ansonsten feindlich und widrig erfahrenen Umwelt. Ängstlich und abhängig strukturierte Menschen suchen hier „Schutz und Sicherheit".

4. *Tausch von Rolle und Leben:* In der Rolle des Priesters, des Paters, der Ordensschwester, des Mitglieds einer Geistlichen Bewegung fühlen sich viele Betroffene weitaus sicherer, als sich in ein Leben hineingeworfen zu sehen, in welchem sie in seinen Anforderungen und Herausforderungen vermeintlich nicht bestehen werden und können.

5. *Ausschluss von Sexualität:* Es zeigt sich in regelhafter Dominanz, dass hilfesuchende Angehörige von Geistlichen Berufen in existentiellen und krisenhaften Konstellationen in ihrer sexuellen Entwicklung auf einem frühen Niveau stehengeblieben sind, ihre sexuelle Orientierung nicht einschätzen können, Sexualität prinzipiell als schamhaft erleben, keine Verbalisationsfähigkeiten für diese Problematik besitzen und eine hohe Verdrängungs- und Abwehrtendenz aufweisen, mithin somit eine sexuelle Unreife belegen. Häufig habe ich in diesem Zusammenhang von den Betroffenen gehört, mit der Entscheidung zur Geistlichen Berufung „war das Thema für mich endgültig erledigt, da ich ab diesem Zeitpunkt zölibatär gebunden war".

6. *Keine freie und selbstverantwortete Entscheidung:* Oft erweist sich das sogenannte Berufungserlebnis bei den Betroffenen auf den zweiten Blick als alles andere, nur nicht als selbstverantwortete freie Entscheidung. Abhängigkeitsverhältnisse bezogen auf die Herkunftsfamilie, Erwartungshaltungen der Eltern, Vermeidungstendenzen der Betroffenen selbst, die die Defizite ihrer eigenen Persönlichkeit dunkel ahnten, jedoch vor ihnen flohen, prägten vielmehr den Schritt in die Geistliche Berufung.

7. *Kompensation von Defiziten:* Werden zum Zeitpunkt der Entscheidung eigene Defizite nicht nur geahnt, sondern bereits gefühlt und bewusst wahrgenommen, setzt häufig bei den Betroffenen ein Verdrängungsmechanismus ein, meist mit dem Bestreben nach Idealisierung und Überhöhung. Das klerikale Ideal scheint da der ideale Weg, um von den eigenen persönlichkeitsbedingten Unzulänglichkeiten abzulenken, ja noch darüber hinaus, um diese durch den Eintritt in das „System Kirche" vermeintlich adäquat und angemessen kompensieren zu können. Zahlreiche Entscheidungsschritte bleiben dabei dem Unbewussten vorbehalten und sind real nicht präsent.

8. *Selbstwertproblematik:* Zahlreiche Betroffene wissen genau, dass sie in den Jahren vor ihrer endgültigen Entscheidung von erheblichen Selbstzweifeln gequält wurden. Insbesondere von Zweifeln, nichts zu bedeuten, kein Recht auf Existenz zu besitzen, sich opfern zu müssen, sich geradezu in Form eines inneren Zwanges für diese Form der Existenz entscheiden zu müssen. Diese Konstellationen entstanden bei den jeweils Betroffenen aus der psychodynamisch so abgeleiteten und so genannten *ontologischen (= entwicklungspsychologisch bedingten) Unsicherheit*, auf die bereits Eugen Drewermann in seinem Band „Kleriker" im Jahr 1989 (!) frühzeitig hingewiesen hatte, um dann nicht nur nicht gehört, sondern

darüber hinaus von dem „System Kirche" ausgesondert zu werden.

9. *Angst vor Selbstkonfrontation:* Das Wissen um die eigene so gefühlte Unzulänglichkeit, das Gefühl, selbst kein Recht auf entfaltete Lebensqualität zu besitzen, schafft bei den meisten von diesen Selbstentfremdungskrisen Betroffenen selbstredend erhebliche Ängste. Ängste vor der Befürchtung, es könnte alles noch viel schlimmer sein, als es bereits wahrgenommen wird. Auf dieser Basis vermeidet der so geplagte Mensch natürlich jedwede Form der Selbstkonfrontation, ergeht sich in Abwehrmechanismen und Projektionen und flüchtet sich in den vermeintlich sicheren Weg der Geistlichen Berufung, die vermeintlich Schutz und Heimat verspricht.

Konklusion

Die aus diesen vorbenannten Parametern in aller Regel resultierende Gefühlspalette zum Zeitpunkt einer Geistlichen Berufung endet somit sehr häufig auf einer emotionalen Plattform von Schuldgefühlen, Existenzängsten, depressiven und ängstlichen Grundhaltungen und letztlich in der Resignation. Bedauerlicherweise, jedoch psychodynamisch nachvollziehbar und kausal ableitbar, sind sich die allermeisten Betroffenen zum Zeitpunkt ihrer Entscheidung über diesen Zustand keineswegs bewusst. Dass sich zahlreiche Betroffene nach Jahren des Bemühens und Scheiterns im „System Kirche" bereits zum Zeitpunkt ihrer Entscheidung und Wahl am Rande einer bedrohlichen *Identitätsaufspaltung* befanden, ist dabei den Wenigsten auch nur ansatzweise bewusst.

Diese sogenannte Identitätsaufspaltung, die durch das kirchliche Amt über Jahre hinweg überstrahlt und verdrängt werden kann, nährt sich regelhaft aus der Ambivalenz und Polarisierung aus einer sich in Opferrolle, Selbstverzicht und Retterfantasien ergehenden Grundhaltung einerseits, die andererseits in dem Wähnen eines objektiven Erlösungsanspruchs in dem angestrebten Klerikerideal kompensiert werden soll. Hier wird also rasch das Offizielle (Amt, Dogma, Exegese, Evangelische Räte) zum Persönlichen, während das eigentliche Persönliche zum Allgemeinen verkommt und diffundiert.

Hierbei treffen wir dann in der Regel auf eine äußerst gefährliche und die Persönlichkeitsintegrität bedrohende strukturelle und emotionale Mischung von unausgereiften Impulsen, Orientierungskrisen und regelhaften Abstürzen in existentielle Sinnkrisen.

Dort, wo die adäquate und altersgerechte Individuation (Persönlichkeitsentwicklung) verunmöglicht wird, die eigene Sexualität tabuhaft mit allen zur Verfügung stehenden Vermeidungshandlungen unterdrückt wird und somit die Selbstfürsorge verhindert wird, entsteht jene Existenzform von Mensch, die sich schließlich in der Über-Ich-Instanz den Regeln des „Systems Kirche" – geprägt von Angst- und Machtstrukturen – zuwendet, um letztlich im Klerikalismus ihre vermeintlich wahre Existenzberechtigung und sichere Daseinsform zu finden.

Identitätskrisen und Persönlichkeitsaufspaltungen führen jedoch selten zu reifen, freien, selbstverantworteten und authentischen Persönlichkeiten und Amtsträgern in einem klerikal und hierarchisch strukturierten kirchlichen System, welches bereits seit vielen Jahrzehnten mit ebendiesen Defiziten seiner Mitarbeiter und Funktionsträger arbeitet und angeblich heilbringend und seelsorglich wirkt.

Dass dieses Vorhaben jedoch auf der Basis vorangehender Erörterungen sicher nur unzureichend oder gar nicht möglich wird, zeigt sich dann überall dort, wo sich missbräuchliche Räume öffnen und den Nährboden bilden für weitere Handlungen, die dann irgendwann leider so oft weiteren Personen Schaden zufügten, durch welche die Opfer seelisch und körperlich schwer geschädigt werden, und in den strafrechtlichen Bereich erheblicher Taten einmünden.

Das Resultat zeigt sich dann nach Jahren der vergeblichen Bemühungen von Aufopferung, vermeintlicher Selbsthingabe, Selbstverleugnung, Demutsgesten und passiv-aggressiven Impulsen der Geistlich Berufenen in Form der Betroffenen, ja der Gezeichneten in den psycho-therapeutischen Praxen.

Dort wird dann eine andere Sprache gesprochen, die weitab des Klerikalismus in Form von emotionalen Krisen, Depressionen schwerer Ausprägung, Zwangshaltungen, suizidalen Handlungen, Spielsucht, stoffgebundenen Süchten (Alkohol und Medikamenten), Drogenkonsum und Pornografiekonsum nahezu einem Chamäleon gleich, in die Gesichter der Gezeichneten geschrieben stehen. Dann aber ist – oft erstmals, wenn auch sehr spät – tatsächlich eine authentische und transparente Grundhaltung zu spüren, die sich im Angesicht eines gescheiterten Lebensentwurfes und einer so gespürten Ausweglosigkeit Rechenschaft gibt über die verpassten Gelegenheiten der Persönlichkeitsreifung – oftmals verbunden mit einer ohnmächtigen Wut auf ein System, dem man sein Leben verschrieb.

Auf diese Phänomenologie und Problematik habe ich in meinem jüngst im Echter-Verlag erschienenen Buch *Die Betroffenen* aufmerksam gemacht und dort den Betroffenen in ihren Leidensgeschichten eine Stimme verliehen.

Es dürfte somit auch transparent geworden sein, dass zahlreiche Betroffene zu einem Zeitpunkt ihren Weg in die Geistliche Berufung gehen, an dem sie keineswegs die eigentlich dafür erforderliche Persönlichkeitsreife besitzen, geschweige denn freien und selbstverantworteten (priesterlichen) Charakteren entsprechen, die erforderliche Selbsterfahrung besitzen, um ihre eigene Sexualität, ihre sexuelle Orientierung und ihre diesbezüglichen Impulse gereift in die Persönlichkeit integrieren zu können.

Daraus leiten sich scheinbar wie selbstverständlich präventive Rückschlüsse ab, die einer profunden und zielführenden priesterlichen Ausbildung angehören sollten, um Menschen, die an der Schwelle endgültiger Berufungsentscheidungen stehen, ein erfülltes und sinnhaftes Geistliches Leben zu ermöglichen.

Bedauerlicherweise ist aber häufig das Gegenteil der Fall. Eine priesterliche Ausbildung bzw. eine geschlechterunabhängige Heranführung an ein sinnerfülltes Geistliches Leben kann nur dann als präventiv, fachgerecht und auf der Höhe der Zeit gewertet werden, indem sie den Ebenen von ausreichender Selbsterfahrung, sexuellem Reifungsgrad, weiträumiger Individuation, Förderung von Beziehungs-, Kommunikations- und Konfliktfähigkeit bei Stärkung des eigenen Persönlichkeitskerns entsprechend Raum gibt und diesen Faktoren entsprechendes Gewicht verleiht.

Die in diesem Beitrag zur Darstellung gebrachten „Risikofaktoren" betreffen und belasten eine Vielzahl von Geistlichen Berufen angehörenden Betroffenen. Ihnen gilt es gerecht zu werden, damit aus Risikofaktoren persönlichkeitsstärkende Attribute werden können. Dass diese Parameter im Rahmen der Geistlichen Ausbildung immer noch sträflich vernachlässigt werden – wie mir allein in den zurückliegenden 5 Jahren zahlreiche Priester und Ordensangehörige aller hierarchischen Ebenen in meiner Praxis berichteten –, passt eben kongruent zu den missbrauchsfördernden Strukturen und Konstellationen in dem wohlbekannten „System".

Aber jede(r) Verantwortliche(r) kann den ihr/ihm anvertrauten Persönlichkeiten im Geistlichen Amt eben nur soweit begegnen, wie sie/er im Rahmen seiner/ihrer eigenen

193

Persönlichkeitsentwicklung eben selbst gekommen ist. Für diese Feststellung bedarf es dann aber der eigenen notwendigen Introspektionsfähigkeit, um die Vergegenwärtigung von Defiziten der eigenen Persönlichkeit zuzulassen. Und diese suchen wir bedauerlicherweise auf den diözesanen Leitungsebenen noch vergebens.

Es verwundert also zu keinem Zeitpunkt, dass die bereits zum Zeitpunkt ihrer Berufungsentscheidung mit nicht wenigen Reifungsmängeln und Persönlichkeitsdefiziten belegten Betroffenen, denen es mitunter ja auch an Kommunikations- und Beziehungsdefiziten erheblich mangelt, spätestens dann ihre eigenen Unzulänglichkeiten an die sogenannten „Laien" weitergeben, wenn sie verspüren, dass das „System Kirche" keineswegs in der Lage ist, ihre Situation begreifen und verstehen zu wollen, und sie – eher im Gegenteil – dann gnadenlos fallen lässt.

In diesem Zusammenhang können wir dann leicht und konsekutiv davon ableitbar nachvollziehen – *aber keineswegs tolerieren und akzeptieren* –, dass Mitarbeiter/innen auf „niederen" Ebenen in ihren Kompetenzen beschnitten werden, qua fehlenden Weiheamtes und geschlechterbezogen abgewertet werden, dass Vorgesetzte in der Wahrnehmung ihrer Verantwortlichkeit kläglich versagen, Arbeitsrecht missachten und dabei einen in seiner Aura antisozial anmutenden Kommunikationsstil pflegen.

Die lösungsorientierten Veränderungen sind nicht weit entfernt, gleichwohl trennt die Verantwortlichen immer noch ein gehöriges Maß an Verdrängung, Verleugnung, Projektion und Narzissmus von den wegweisenden Richtungsentscheidungen. Es wäre – zumindest aus therapeutischer und gutachterlicher Sicht – sehr leicht möglich, mit dem Handeln zu beginnen. Die Psychodynamik spricht hier aber ihre eigene Sprache.

4.6 Missbrauch von Macht in der Territorialseelsorge – Reflexion der Umfrageergebnisse aus kanonistischer Perspektive

Rosel Oehmen-Vieregge

„Es muss doch Gerechtigkeit geben".[1]

Kirchenrechtlicher Verständnishorizont

Die vom Bundesverband der Gemeindereferent*innen initiierte Umfrage legt Verhaltensweisen und Umgangsformen offen, die einer gelingenden Zusammenarbeit in der Territorialseelsorge entgegenstehen. Der Weg zu einer „neue(n) Kultur der Leitung"[2] und zu einer „Kultur der gegenseitigen Achtung, des Respekts und der Wertschätzung",[3] wie sie von den deutschen Bischöfen angemahnt wird, ist den geschilderten Erfahrungen zufolge noch mit etlichen Hindernissen verstellt.

Missbrauch von Macht

Die Auswertung der Umfrage hat insgesamt neun Varianten herausgearbeitet, die von den Umfrageteilnehmer*innen als Machtmissbrauch erlebt werden. Um diese Varianten kirchenrechtlich einordnen zu können, stellt sich zunächst die Frage, wer oder was missbraucht wurde.[4] Geht es um personenbezogenen Missbrauch, also um Missbrauch als Autonomieverletzung in Form von Verletzungen der sexuellen und spirituellen Selbstbestimmung? Oder geht es um den Missbrauch des Amtes und den Missbrauch der mit dem Amt verbundenen Macht, indem sie illegal oder moralisch verwerflich gebraucht werden? Doris Reisinger nennt zwei Beispiele, in denen der personenbezogene Missbrauch und der Missbrauch der amtsgebundenen Macht zusammengehen: Das geschieht, wenn erstens ein Priester das Bußsakrament missbraucht,[5] um die Person, die bei ihm beichtet, spirituell und/oder sexuell zu missbrauchen; und zweitens, wenn theologisch geschulte Personen im Auftrag der katholischen Kirche zum Beispiel als geistliche Begleiter*in handeln und ihr Fachwissen missbräuchlich einsetzen, um die spirituelle Selbstbestimmung einer seelsorglich begleiteten Person zu schädigen.[6]

Diese Unterscheidung setzt voraus, dass es im kirchlichen Verständnis eine formal geregelte Amtsmacht gibt, mit der Rückbindung an eine Rechenschaftspflicht (accountability). Herbert Haslinger zieht in seiner umfassenden Studie *Macht in der Kirche*[7] die Schlussfolgerung, dass sich Amt und Amtsmacht in der katholischen Kirche wesentlich von einem „profanen soziologischen bzw. rechtlichen"[8] Amtsverständnis unterscheiden. Im weltlichen Sinne setzt das Amt voraus, „dass es von der Gesamtheit des Gemeinwesens verliehen wird, dass sich folglich die Amtsträger auf das Einverständnis der von ihrem Handeln betroffenen Menschen berufen können und dass die Mitglieder des Gemeinwesens die ordnungsgemäße Erfüllung des Amtes kontrollieren können."[9] Die Amtsmacht in der katholischen Kirche wird vielmehr identifiziert mit heiliger Gewalt/heiliger Vollmacht *(sacra potestas),* die mit der Weihe verliehen wird.[10] Die Ausübung dieser Vollmacht im Verkündigungs-, Leitungs- und Heiligungsdienst findet innerhalb eines Regelsystems (Kirchenrecht) statt, das Gültigkeitsvoraussetzungen, Erlaubnisse und Verbote, Rechte und Pflichten, Befugnisse, Zuständigkeiten und schließlich auch Sanktionen festlegt. Das kirchliche Strafrecht unterscheidet zwischen dem Missbrauch der kirchlichen Gewalt und dem Missbrauch eines kirchlichen Amtes oder einer kirchlichen Aufgabe (can. 1378 CIC) und spricht von einer Amtspflichtverletzung, wenn eine priesterliche Aufgabe oder ein anderer geistlicher Dienst unrechtmäßig ausgeübt wird (can. 1389).[11]

Zusätzlich zu den Gesetzesbestimmungen im Kodex des kanonischen Rechtes, dem Gesetzbuch der katholischen Kirche,[12] gibt es in ihrer Verbindlichkeit unterschiedliche Ordnungen und Regeln, die auf der Ebene der Weltkirche (z. B. berufsbezogene Instruktionen der römischen Kurie), auf der Ebene der Deutschen Bischofskonferenz (z. B. die Grundordnung des kirchlichen Dienstes) sowie auf der Diözesanebene (z. B. Leitlinien und arbeitsrechtliche Bestimmungen) als Regelwerk beachtet werden sollten. Ein leitender Pfarrer kann nicht tun und lassen, was er will,[13] seine Mitarbeiter*innen ebenfalls nicht. Alle Berufsgruppen innerhalb des pastoralen Personals sollten sich des rechtlichen Rahmens bewusst sein, innerhalb dessen sie sich bewegen. Das gesamte Regelwerk wird in der Territorialseelsorge gerne unter dem Aspekt der Verrechtlichung der Seelsorge wahrgenommen. Dass es ebenso gut der Rechtssicherheit und dem Rechtsschutz des pastoralen Personals in der Seelsorge dient, tritt eher seltener in das Bewusstsein, weil das Kirchenrecht aus pastoraltheologischer Sicht als unbarmherzig erfahren wird.[14]

Wiederherstellung von Gerechtigkeit

In den Umfragebeiträgen werden subjektive Leiderfahrungen beschrieben, die durch vielfältige Konfliktsituationen zwischen Dienstvorgesetzten und Mitarbeiter*innen im Pastoralteam ausgelöst wurden. Dem Rechtsempfinden der Betroffenen zufolge erfordert das widerfahrende Unrecht die Wiederherstellung der „ethische(n) Balance"[15] bzw. der ausgleichenden Gerechtigkeit. Das heißt, diejenigen, die Leid verursachen, sollen zur Rechenschaft gezogen werden, sie sollen Verantwortung für die Folgen ihres Handelns übernehmen und in Zukunft keinen Schaden mehr anrichten.

Die Wiederherstellung von Gerechtigkeit ist für Betroffene ein wichtiger Aufarbeitungsschritt. Je nach Einzelfall sind verschiedene Maßnahmen denkbar: Zum Beispiel das Hören und Wahrnehmen des erlittenen Unrechts durch eine höhere Leitungsebene (Personalleitung, Bistumsleistung) verbunden mit der verbindlichen Zusage, weiteren Schaden wirksam abzuwenden; eine materielle oder finanzielle Entschädigung der betroffenen Person; eine Abmahnung oder Sanktion der Tatperson.[16] Der Erlass und die Durchsetzung solcher Maßnahmen sollten an transparente Verfahrenswege gebunden sein, deren Anwendung verpflichtend sein sollte.

Defizite in der kirchlichen Rechtsprechung

Seit Jahrzehnten wird die Einführung eines kirchlichen Disziplinarrechts und die Etablierung einer Verwaltungsgerichtsbarkeit eingefordert.

Auch die kirchliche Strafprozessordnung müsste mit Blick auf Missbrauchsverfahren einer Überarbeitung unterzogen werden, um die Rechte erwachsener Betroffener zu stärken. Mittlerweile ist es einer breiteren – auch innerkirchlichen – Öffentlichkeit bekannt, dass auch erwachsene Frauen und Männer Opfer von sexueller Gewalt geworden sind, die sie durch Kleriker, Ordenschristen und andere kirchliche Bedienstete erleiden mussten. Auch wird dem Phänomen des spirituellen Missbrauchs nun die ihm gebührende Aufmerksamkeit geschenkt.[17] Angesichts dieser nicht neuen, aber nun öffentlich gemachten Missbrauchsvarianten werden kirchenrechtliche Reformen einen energischen Zwischenspurt einlegen müssen, um auf gleiche Höhe mit dem derzeitigen Regelungsbedarf zu gelangen. Dieser Regelungsbedarf betrifft sowohl die Umschreibung und Definition von (Straf-)Tatbeständen als auch die Verabschiedung von Verfahrensnormen, die Anhörungs- und Verteidigungsrecht angemessen berücksichtigen, damit alle Beteiligten zu ihrem Recht kommen.

Vor diesem Hintergrund, der die derzeitigen Defizite in der kirchlichen Rechtsprechung offenlegt, ist es nachvollziehbar, dass in der neueren kirchenrechtlichen Literatur zu Missbrauch in der katholischen Kirche vor allem auf die Prävention von Machtmissbrauch gesetzt wird.[18] Die folgenden Ausführungen bleiben auf dieser Linie, mit dem Ziel, im Kontext dieser Umfrage über rechtliche Bestimmungen im Kodex des kanonischen Rechtes zu informieren, deren konsequente Beachtung und Anwendung vor Missbrauchstaten schützen sollen.

Prävention durch konsequente Beachtung kirchenrechtlicher Schutzbestimmungen

Präventionsarbeit ist – auch aus kanonistischer Perspektive – Aufklärungsarbeit. Diese Aufklärungsarbeit richtet sich nicht an ein System, das sich für den Missbrauch von Macht anfällig zeigt. Sie richtet sich vielmehr an Personen, die innerhalb dieses Systems handeln und eine individuelle Verantwortung für ihr Handeln tragen. Die Auswahl der nachstehenden Themenschwerpunkte orientiert sich an den in Kapitel 2 und 3 dokumentierten Umfrageergebnissen.

Der Schutz des guten Rufes und der Intimsphäre

Dienstvorgesetzte und Mitarbeiter*innen in der Territorialseelsorge sollten darüber informiert sein, dass sie sich auch nach dem Kirchenrecht strafbar machen, wenn sie den guten Ruf einer Person schädigen.[19] Im zivilen Strafrecht sind Verleumdung (§ 187 StGB) und üble Nachrede Straftaten (§ 186 StGB), die zur Anzeige gebracht werden können. Im kirchlichen Strafrecht geht es vorrangig um die Falschanzeige eines Deliktes gegen einen kirchlichen Oberen. Die Verletzung des guten Rufes einer anderen Person hat aber ebenfalls Eingang in diese Strafnorm (can. 1390 § 2 CIC) gefunden.[20]

Der Schutz der Intimsphäre wird unter anderem durch die Trennung von *forum externum* und *forum internum* gewährleistet.[21] Das bedeutet mit Blick auf Dienstverhältnisse in der Territorialseelsorge, dass es zu einer machtmissbräuchlichen Verletzung der Intimsphäre von Mitarbeiter*innen kommen kann, wenn eine geistliche Begleitung oder die Spendung des Bußsakramentes durch den leitenden Pfarrer oder durch andere Geistliche, die dem Pastoralteam angehören, erfolgt. Ein Dienstvorgesetzter sollte keinen Zugang zum Gewissensbereich seiner Mitarbeiter*innen haben, damit das Wissen aus der Beichte oder der geistlichen Begleitung nicht gegen die Mitarbeitenden verwendet werden kann. Es liegt vor allem in der Verantwortung der Dienstvorgesetzten, entsprechende Anfragen zurückzuweisen, um eine Rollendiffusion zu vermeiden. Hier ist ganz klar die Trennung zwischen der Rolle des Personalverantwortlichen und der Rolle des Seelsorgers gefordert.

Ein nicht geringer Teil der in den Umfrageergebnissen beschriebenen Konflikte lässt sich darauf zurückführen, dass Mitglieder von Pastoralteams Dienstliches und Privates unreflektiert ineinanderfließen lassen. Dienstgespräche mit dem Vorgesetzten sollten in Diensträumen geführt werden und nicht in den Privaträumen der Mitarbeitenden oder in den Privaträumen der Vorgesetzten. Die Verbundenheit im Sendungsauftrag verpflichtet laut Grundordnung des kirchlichen Dienstes zu einer vertrauensvollen

Zusammenarbeit,[22] aber sie „entprivatisiert"[23] die Mitarbeiter*innen nicht. In den Bischöflichen Erläuterungen zur Grundordnung des kirchlichen Dienstes heißt es dazu, dass das zivilrechtlich geregelte Dienst- und Arbeitsverhältnis zu keiner „Art kirchliches Statusverhältnis wird, das die Person total ergreift und auch ihre private Lebensführung voll umfasst."[24]

Die freie Wahl des Lebensstandes

In can. 219 CIC heißt es, dass die Wahl des Lebensstands frei von jeglichem Zwang sein soll. Eine erzwungene Eheschließung (z. B. wegen vorehelicher Schwangerschaft oder Androhung einer Kündigung des Dienstverhältnisses) führt zu einer ungültigen Eheschließung, deren Ungültigkeit im Rahmen eines Ehenichtigkeitsverfahrens festgestellt werden kann.[25] Weihekandidaten müssen von sich aus und frei um den Weiheempfang bitten (can. 1036 CIC). Dem Kirchenrecht zufolge ist es streng verboten, jemanden zum Empfang von Weihen zu zwingen. Es gibt keine Gründe, die einen solchen Zwang rechtfertigen (can. 1026 CIC). Bei einer erzwungenen Weihe besteht das Recht, die Gültigkeit der Weihe im Rahmen eines Weihenichtigkeitsverfahrens prüfen zu lassen.[26] Auch die zeitliche und ewige Ordensprofess ist nur unter der Voraussetzung gültig, wenn sie ohne Zwang, schwerer Furcht oder Täuschung abgelegt wird (can. 656 n. 4 CIC und can. 658 CIC).

Die Grundordnung des kirchlichen Dienstes vom 22. November 2022 spricht nicht von Lebensstand, sondern von „Lebensform" und „privater Lebensgestaltung" und stellt fest: „Der Kernbereich privater Lebensgestaltung, insbesondere Beziehungsleben und Intimsphäre, bleibt rechtlichen Bewertungen entzogen."[27] Das heißt, dieser Kernbereich entzieht sich dem dienst- und arbeitsrechtlichen Zugriff des Dienstgebers. Mitarbeitende sind mit Blick auf die Sphäre ihrer privaten Lebensgestaltung gegenüber den Dienstvorgesetzten keine Rechenschaft schuldig.[28]

Die freie Wahl der eigenen Form des geistlichen Lebens

Das in can. 214 CIC normierte Recht, der eigenen Form des geistlichen Lebens zu folgen, sofern diese mit der Lehre der Kirche übereinstimmt, soll die Gläubigen vor Vereinnahmung schützen. Mitarbeitende in der Territorialseelsorge sind von diesem Grundrecht nicht ausgenommen. Dienstanweisungen und ausgesprochene wie unausgesprochene Erwartungen im Hinblick auf bestimmte Frömmigkeitsformen, auf die Mitgliedschaft in einer geistlichen Gemeinschaft oder auf die Teilnahme an Glaubenskursen stellen eine unrechtmäßige Einschränkung dar. Hier gilt das Prinzip der Freiwilligkeit. Darüber hinaus sollten theologische Überzeugungen, die das jeweilige Gottesbild, Menschenbild, Kirchenbild, Priesterbild und Bild der Dienstgemeinschaft prägen, nicht vorgesetzt, sondern gemeinsam reflektiert werden. Es ist die spirituelle Vielfalt in einem Pastoralteam, die vor geistlicher Enge und Exklusivität schützt.

Verpflichtung zu einem kooperativen, wertschätzenden Führungsstil[29]

Die Ergebnisse der Umfrage spiegeln ein ausgeprägtes Standesdenken wider. An den ausgewählten Fallbeispielen im zweiten und dritten Kapitel dieses Bandes wird deutlich, wie die rechtliche Unterscheidung zwischen Klerikern und Laien zur Über- bzw. Unterordnung, zur strukturellen Zweitrangigkeit wird.[30] Haupt-, neben- oder ehrenamtlich tätige Laien werden in der Wahrnehmung ihrer Beauftragung nicht gefördert, sondern eingeschränkt und zurückgewiesen aufgrund ihres Status als Nicht-Geweihte. Erfahrungen von Abqualifizierung, Vorenthalten von Zuständigkeiten und Bevormundung sind zudem eng verknüpft mit dem Laienbegriff, dem die „Konnotation des Unkundigen, Inkompetenten, Unbedarften (…) unweigerlich anhaftet."[31] Die Missachtung fachlicher Kompetenzen und Zuständigkeiten von Laien aufgrund ihres Status als Nicht-Geweihte hat eine lange Geschichte, die geprägt ist von Marginalisierungserfahrungen und dem demütigen Ertragen von Missständen.[32]

Diese Marginalisierungserfahrungen haben zudem einen geschlechtsspezifischen Aspekt, wenn es um die Herabwürdigung von Frauen im kirchlichen Dienst geht. Neben der strukturellen Zweitrangigkeit wird zusätzlich noch eine geschlechtliche Zweitrangigkeit wirksam.[33] Ute Leimgruber beschreibt diese Konstellation als „doppelte Asymmetrie" im Verhältnis von Klerikern und Laien-Frauen, in der „sowohl die geistliche Autorität des Priesters als auch seine besondere Stellung als Mann und die Konstruktion des Sein-Sollens der Frauen in Rechnung zu stellen sind."[34] In den Umfragebögen wird von Belästigungen und sexualisierten Übergriffen durch unerwünschte körperliche Berührungen, von anzüglichen und von abwertenden Bemerkungen über die äußere Erscheinung (Kleidung, Figur, Frisur) und von unangemessenen wie unerwünschten Kosenamen (Schätzchen, Herzchen, Kindchen, Mäuschen) berichtet.

Diese vielfältigen Formen der Missachtung und Herabwürdigung sowohl der Personen selbst als auch ihrer beruflichen Qualifikationen sind in keiner Weise kompatibel mit den hohen Ansprüchen an die Führungsqualitäten kirchlicher Dienstvorgesetzter. Die Verpflichtung zu einem wertschätzenden Führungsstil bezieht sich auch auf die Führungskräfte in den Generalvikariaten/Ordinariaten, die für das pastorale Personal verantwortlich sind. Es wird vermutlich nie gelingen, allen Sorgen, Bedürfnissen und Klagen gerecht zu werden. Wenn aber auf plausibel vorgetragene Missbrauchstaten hin keine Sanktionen folgen und betroffene Mitarbeiter*innen damit rechnen müssen, bei der Meldung von Missständen ihre Dienststelle zu verlieren bzw. zu wechseln, dann werden neue Verletzungen provoziert und in Kauf genommen.

Aus der Präventionsperspektive berührt die Frage des Führungsstils vor allem die Haltung des Führungspersonals. Damit ist im Kontext dieses Beitrags auch die Bereitschaft gemeint, bei Missbrauchstaten nicht in Untätigkeit zu verharren, sondern Zuständigkeiten zu klären, fachliche Unterstützung einzuholen und Verfahrenswege auszuloten, die allen Beteiligten zu ihrem Recht verhelfen.[35]

Schlussbemerkungen

In den einleitenden Sätzen meiner Ausführungen ist von einer neuen Kultur der Leitung und einer Kultur der Achtsamkeit und Wertschätzung die Rede. Die Wiederherstellung von Gerechtigkeit setzt auch einen Kulturwandel in der kirchenrechtlichen Praxis voraus. Im Vortrag zur Veröffentlichung des Kölner Gutachtens werden kritische Punkte genannt, die einem kirchenrechtlich angemessenen und gerechten Umgang mit Fällen von Machtmissbrauch entgegenstehen. Diese Punkte betreffen in erster Linie das Verhalten und die Haltung der geistlichen Verantwortungsträger: fehlendes Bewusstsein von der Notwendigkeit der Rechtsbefolgung, massive Rechtsunkenntnis und subjektiv empfundene Unzuständigkeit.[36] Wie auch immer die Begründung für die Nichtbeachtung bzw. Nichtanwendung rechtlich verbindlicher Normen im Einzelfall ausfallen mag, das Resultat läuft auf Willkür hinaus. Die mangelnde

Bereitschaft, sich im Prozess der Aufarbeitung von Missbrauchsfällen über rechtliche Grundlagen zu informieren und rechtliche Fragen verbindlich klären zu lassen, kommt einer Flucht in Handlungsunfähigkeit und Hilflosigkeit gleich.[37] Die rechtliche Aufarbeitung von Machtmissbrauchstaten wird zudem erschwert durch ein „kaum zu durchschauendes Konglomerat von Zuständigkeiten und verwickelten Befehls- und Verantwortungsketten",[38] durch unzureichende Definitionen von Straftaten[39] und durch das Fehlen transparenter Verfahrenswege, die die Persönlichkeitsrechte aller Prozessbeteiligten wahren.

Von Machtmissbrauch betroffene Personen sind bei der (rechtlichen) Aufarbeitung ihrer Leiderfahrungen vor allem auf die Unterstützung der geistlichen Verantwortungsträger angewiesen. Dies kann je nach Erfordernis des Einzelfalls durch Dienstgespräche, Konflikt- und Beschwerdemanagement, arbeitsrechtliche Interventionen oder auch mittels kirchenrechtlicher (Straf-)Verfahren erfolgen. Eine Verweigerung dieser Unterstützung zieht weitere Verletzungen für die Betroffenen nach sich, weil sie ein weiteres Mal Machtmissbrauch erfahren müssen.

Literatur in Auswahl

B. Aschmann (Hrsg.), Katholische Dunkelräume. Die Kirche und der sexuelle Missbrauch, Paderborn 2022.

M. Graulich/H. Hallermann, Das neue kirchliche Strafrecht. Einführung und Kommentar, Münster 2021.

U. Leimgruber (Hrsg.), Catholic Women. Menschen aus aller Welt für eine gerechtere Kirche, Würzburg 2021.

D. Reisinger (Hrsg.), Gefährliche Theologien – Wenn theologische Ansätze Machtmissbrauch legitimieren, Regensburg 2021.

Anhang

Anmerkungen

Vorwort

[1] Zitat aus der Beauftragungsurkunde für Gemeindereferent*innen in der Diözese Rottenburg-Stuttgart, 1985.

[2] Vgl. dazu: *B. Mönkebüscher,* Es schmeckt nach mehr – In der Kirche ist für alle Platz!, Freiburg 2023.

Kapitel 1: Einführung

[1] Eine Literaturliste mit allen im Folgenden erwähnten Büchern finden Sie am Ende des Kapitels.

[2] Zum Folgenden vgl. die Studie von Daniela Blank, veröffentlicht in 2018 unter dem Titel: „Verwurzelt in der Caritas – die Entwicklung der Gemeinschaft katholischer Gemeindereferentinnen e. V. zwischen 1926–2014" im Echter Verlag.

[3] Pfarrer Wilhelm Wiesen zitiert nach *D. Blank,* Verwurzelt in der Caritas, 30.

[4] Die erste Rahmenordnung wurde 1978/79 erlassen und in Heft 22 der Reihe „Die deutschen Bischöfe" veröffentlicht.

[5] Rahmenstatuten und Ordnungen für Gemeinde- und Pastoral-Referenten/Referentinnen, Die deutschen Bischöfe, Nr. 96, Oktober 2011.

[6] das magazin 2003/4, 2. Jahrgang, 22.

[7] das magazin 2017/4, 16. Jahrgang, 4–12.

[8] Vergleicht man diese Prognose mit den inzwischen aktuellen Zahlen, zeigt sich, dass der Abwärtstrend deutlich schneller verläuft.

[9] *N. Lüdecke,* Die Täuschung. Haben Katholiken die Kirche, die sie verdienen?, Darmstadt 2021, 144.

[10] das magazin 2019/1, 18. Jahrgang, 33.

Kapitel 2: Erfahrungen mit Machtmissbrauch – Umfrageergebnisse

[1] Laut Statistik der Deutschen Bischofskonferenz waren es 2021: 4.318 GR, davon 3.400 w und 918 m.

[2] Siehe https://www.gemeindereferentinnen.de/.

[3] Hinweis: Im weiteren Textverlauf in Kapitel 2 werden Zitate aus den Umfrageergebnissen benannt. „Kursiv" bedeutet, dass es sich um Originalzitate handelt. Zum Teil wurden dabei orthografische Fehler verbessert, zum Teil sind es Auszüge aus längeren Beiträgen. Wenn Worte oder Satzteile nicht kursiv gesetzt sind, bedeutet dies, dass es sich um redaktionelle Überarbeitungen von Zitaten handelt. Kriterien

für die Überarbeitung waren Verständlichkeit und ggf. erforderliche Anonymisierung.

[4] https://lexikon.stangl.eu/445/formen-des-mobbing (Zugriff: 02.03.2023).

[5] Die Begrifflichkeiten in den Bistümern sind unterschiedlich, gemeint ist der weisungsbefugte Vorgesetzte.

[6] Der Begriff „Ordinariat" wird seitens der Hrsg. in den Zitaten auch für „Generalvikariat" verwendet.

[7] „PGR" wird seitens der Hrsg. aus Gründen der Anonymisierung auch für z. B. „KGR" verwendet.

[8] Deutsche Bischofskonferenz, Grundordnung des kirchlichen Dienstes in der Fassung vom 22.11.2022.

[9] Arbeitshilfe „Missbrauch geistlicher Autorität".

[10] Berichte und Zitate von Betroffenen erscheinen im Folgenden kursiv. Sätze und Abschnitte, die nicht kursiv gedruckt sind, stammen vom Hrsg.

Kapitel 3: Betroffene erzählen

[1] Das Zitat stammt von Bruno Schrage, Referent für Caritaspastoral, Köln.

Kapitel 4: Reflexionen aus Fachperspektiven

4.1 Die Sorge der Personalabteilung

Regina Seneca

[1] *F. W. Nerdinger/G. Blickle/N. Schaper*, Arbeits- und Organisationspsychologie, Berlin [4]2019, 96; *G. Yukl*, Leadership in organizations, Upper Saddle River N. J. 2002, 8.

[2] *S. Grote*, Die Zukunft der Führung, Berlin 2012, 16.

[3] *L. von Rosenstiel/E. Regnet/M. Domsch*, Führung von Mitarbeitern, Stuttgart [8]2020, 22.

[4] *A. Sturm/I. Opterbeck/J. Gurt*, Organisationspsychologie, Wiesbaden 2011, 43.

[5] Bad leadership/schlechte Führung und destructive leadership/destruktive Führung werden folgend synonym verwendet.

[6] *F. W. Nerdinger/G. Blickle/N. Schaper*, Arbeits- und Organisationspsychologie, 113.

[7] *R. Lang/I. Rybnikova*, Aktuelle Führungstheorien und -konzepte, Wiesbaden 2014, 327.

[8] *P. Borkenau/F. Ostendorf*, Untersuchungen zum Fünf-Faktoren-Modell der Persönlichkeit und seiner diagnostischen Erfassung, in: Zeitschrift für Differentielle und Diagnostische Psychologie 10 (1989), 239–251.

[9] *T. A. Judge/J. E. Bono/R. Ilies/M. W. Gerhardt*, Personality and leadership: A qualitative and quantitative review, in: The Journal of applied psychology 87 (2002), 765–780.

[10] *F. W. Nerdinger/G. Blickle/N. Schaper*, Arbeits- und Organisationspsychologie, 100.

[11] *R. Lang/I. Rybnikova*, Aktuelle Führungstheorien und -konzepte, 328.

[12] *D. Montano/A. Reeske/F. Franke/J. Hüffmeier*, Leadership, followers' mental health and job performance in organizations: A comprehensive meta-analysis from an occupational health perspective, in: Journal of Organizational Behavior 38 (2016), 327–350, 340.

[13] *Bundesministerium für Arbeit und Soziales (BMAS)*, Psychische Arbeitsbelastung und Gesundheit – Arbeitsschutz in der Praxis, Berlin 2017.

[14] *B. Badura/A. Ducki/H. Schröder/J. Klose/K. Macco*, Fehlzeiten-Report 2011 – Führung und Gesundheit, Berlin 2011.

[15] *F. W. Nerdinger/G. Blickle/N. Schaper*, Arbeits- und Organisationspsychologie, 114.

[16] Einheitsübersetzung der Heiligen Schrift: Matthäus-Evangelium, Stuttgart 2016.

[17] Der Begriff „Herrschen" wird so in der biblischen Perikope verwendet. In der heutigen Zeit ist Herrschaft besonders im Kontext von Personalarbeit unbedingt von Führung zu unterscheiden. Führung ist in Unternehmen und Organisationen – sofern sie nicht basisdemokratisch sind – eine sachliche Notwendigkeit zum Erreichen von Zielen innerhalb einer Gruppe bzw. des gesamten Unternehmens. Herrschaftliche Aspekte, die auf Status im Sinne anerkannter Positionsmacht, Amt oder funktionaler Autorität beruhen, haben in seriöser Führungsarbeit nichts zu suchen. Führung und Herrschaft sollten Führungskräfte gedanklich wie realiter auseinanderhalten (vgl. dazu *C. Steinle*, Ganzheitliches Management – Eine mehrdimensionale Sichtweise integrierter Unternehmungsführung, Wiesbaden 2005, 567).

[18] *H. Rawitzer*, Servant Leadership – Der dienende Führungsansatz als Erfolgsfaktor, in: Zeitschrift Führung und Organisation 91 (2022), 387–390.

[19] *A. Padilla/R. Hogan/R. B. Kaiser*, The toxic triangle: Destructive leaders, susceptible followers, and conducive environments, in: The Leadership Quarterly 18 (2007), 176–194.

[20] *A. Ahlers-Niemann*, Dem Unbewussten auf der Spur – Einige Überlegungen zur Sozioanalyse von Organisationen, in: Gruppe. Interaktion. Organisation. Zeitschrift für Angewandte Organisationspsychologie (GIO) 38 (2007), 97–114.

4.2 Leadership und Zusammenarbeit auf Augenhöhe wider den Machtmissbrauch

Margherita Onorato-Simonis

[1] *K. Schubert* /*M. Klein,* Das Politiklexikon. 7., aktual. u. erw. Aufl., Bonn: Dietz 2020. Lizenzausgabe Bonn: Bundeszentrale für politische Bildung.

[2] *Pschyrembel online.*

4.3 Emanzipation und Resilienz – Nachhaltige Wege aus der Abhängigkeit

Valentin Dessoy

[1] Unter Selbstwirksamkeit (self-efficacy beliefs) versteht die kognitive Psychologie die Überzeugung einer Person, Herausforderungen und schwierige Situationen aus eigener Kraft erfolgreich bewältigen zu können. Das Konzept stammt von dem amerikanischen Psychologen Albert Bandura (vgl. *A. Bandura*, Self-efficacy. The exercise of control, New York 1997).

[2] Resilienz bezeichnet in der Psychologie die innere Widerstandskraft eines Menschen, seine Fähigkeit, Stress und Krisen mit Hilfe der eigenen Ressourcen zu bewältigen. In diesem Sinne verwendet ihn etwa Emmy Werner (vgl. *E. Werner*, Vulnerable, but Invincible, New York 1982).

[3] *V. Dessoy*, Zukunft der Kirche im Prozess des gesellschaftlichen Wandels, in: J. Drumm/S. Oeben (Hrsg.), CSR und Kirche. Die unternehmerische Verantwortung der Kirchen für die ökologisch-soziale Zukunftsgestaltung, Berlin/Heidelberg 2022, 47–65, 49.

[4] Ebd., 49.

[5] Max Weber (1864–1920) definiert Macht – losgelöst von der Frage ihrer Quellen bzw. ihrer Legitimation – als „jede Chance, innerhalb einer sozialen Beziehung den eigenen Willen auch gegen Widerstreben durchzusetzen, gleichviel, worauf diese Chance beruht" (*M. Weber*, Wirtschaft und Gesellschaft. Grundriß der verstehenden Soziologie, Tübingen [5]1972, 28).

[6] Bei Hannah Arendt (1906–1975) entspricht Macht „(…) der menschlichen Fähigkeit, nicht nur zu handeln oder etwas zu tun, sondern sich mit anderen zusammenzuschließen und im Einvernehmen mit ihnen zu handeln" (*H. Arendt*, Macht und Gewalt, München 1990, 45).

[7] *V. Dessoy*, Grundlegung – Macht und System, in: V. Dessoy/U. Hahmann/G. Lames (Hrsg.), Macht und Kirche, Würzburg 2021, 14–23, 16.

[8] Bauer-Jelinek spricht von Quellen der Macht (vgl. *C. Bauer-Jelinek*, Die helle und die dunkle Seite der Macht, Wien 2000).

[9] N. *Luhmann*, Die Gesellschaft der Gesellschaft, Frankfurt 1998.

[10] M. E. P. *Seligman*, Erlernte Hilflosigkeit. München/Wien/Baltimore 1979.

[11] Vulnerabilität wird in der Psychologie als Gegenteil von Resilienz verstanden. Vulnerable Menschen sind wenig selbstbewusst, emotional besonders leicht verwundbar und anfällig für psychische Störungen. Zum Zusammenhang von Vulnerabilität und Stress vgl. *H.-U. Wittchen/J. Hoyer*, Klinische Psychologie und Psychotherapie, Heidelberg 2011.

[12] Vgl. M. *Becher*, Gewaltmission. Karl der Große und die Sachsen, in: C. Stiegemann u. a. (Hrsg.), CREDO: Christianisierung Europas im Mittelalter, Bd. 1, Petersberg 2013.

[13] Anfangs konnte die Reichsacht nur vom römisch-deutschen König bzw. vom Kaiser ausgesprochen werden. Mit Artikel 7 der Confoederatio cum principibus ecclesiasticis (Bündnis mit den Fürsten der Kirche) von 1220 folgte die Verhängung der Reichsacht automatisch sechs Wochen nach der Verhängung des Kirchenbanns, ohne gesonderte Anklage, ohne Prozess und ohne reichsrechtliche Verurteilung. Die Redewendung „Acht und Bann" für Ausgrenzung und Exklusion stammt aus dieser Zeit.

[14] P. F. *Drucker*, Managing in the Next Society, New York 2003.

[15] V. *Dessoy*, Logiken und Reproduktionsmechanismen der Macht. Eine organisationswissenschaftliche Betrachtung, in: V. Dessoy/U. Hahmann/G. Lames (Hrsg.), Macht und Kirche, Würzburg 2021, 66−82, 72.

[16] Ebd., 73.

[17] Evangelische Kirche in Deutschland (EKD), Engagement und Indifferenz. Kirchenmitgliedschaft als soziale Praxis. V. EKD-Erhebung über Kirchenmitgliedschaft, Hannover 2014.

[18] Vergleichbar einer Anorexia nervosa.

[19] Beziehungen, in denen sich sexueller oder spiritueller Missbrauch ereignet, sind keine co-abhängigen, sondern (macht-)asymmetrische Beziehungen. Sie haben grundsätzlich eine andere Dynamik. Dennoch sind sie häufig vordergründig das Thema, um das nach dem beschriebenen Muster co-abhängiger Systeme gestritten wird.

[20] Es ist bekannt, dass Missbrauchstäter (auch bestimmte geistliche Gemeinschaften) sich häufig Menschen aussuchen, die in ihrer Selbststeuerung und Autonomie geschwächt oder gehandicapt und daher leichter zu manipulieren sind. Hier muss die Organisation präventive Maßnahmen ergreifen und der Rechtsstaat mit allen Mitteln des Strafrechts dagegen vorgehen.

[21] Dies gilt unbeschadet der Verantwortung der Organisation, alles zu unternehmen, um solche Übergriffe im Keim zu ersticken.

[22] *F. Glasl*, Konfliktmanagement. Ein Handbuch für Führung, Beratung und Mediation, Stuttgart [12]2020.

[23] Was hier ausgeführt wurde, gilt in gleicher Weise für Menschen, die es schätzen oder darauf angewiesen sind, in der Kirche haupt- oder nebenberuflich zu arbeiten, also Kirche als Möglichkeit sehen oder brauchen, ihren Lebensunterhalt zu verdienen.

[24] Vgl. *V. Dessoy,* Auf dem Weg zur nächsten Kirche. Wenn sich komplexe, dynamische Systeme verändern, in futur2 1/2023, URL: https://www.futur2.org/article/auf-dem-weg-zur-naechsten-kirche/ (Zugriff: 10.02.2023).

[25] Wie grenzwertig Reformansätze diesbezüglich sind, zeigt sich am Synodalen Weg. Dort geht es nicht um einen grundlegenden Neuanfang, sondern lediglich um das Nachholen von Essentials einer aufgeklärten Gesellschaft. Den Verantwortlichen kann man sicher gute Absicht unterstellen. Dennoch deutet seit langem alles darauf hin, dass – wie bei allen vorangegangenen Reformvorhaben dieser Art – in der Substanz am Ende alles beim Alten bleibt.

[26] Vgl. *A. Sturm*, Ungehorsam sein, anders handeln oder gehen, in futur2 1/2023, URL: https://www.futur2.org/ article/anders-handeln-oder-gehen/ (Zugriff: 10.02.2023).

[27] Wenngleich es leichter sein kann, diesen Weg gemeinsam mit anderen zu gehen.

4.4 „Ich bin berufen, euch zu sagen, wo es lang geht" – Kritische Rekonstruktionen missbräuchlicher Pastoralmacht – fatale Theologie?!

Oliver Wintzek

[1] *H. Verweyen,* Gottes letztes Wort. Grundriss der Fundamentaltheologie, Regensburg [3]2000, 228.

[2] *H. Hoping,* Kommentar zu Dei Verbum, Herders Theologischer Kommentar, Bd. 3, hrsg. von P. Hünermann, Freiburg 2009, 740.

[3] *S. Wendel,* Offenbarung – Deutungskategorie statt Glaubensgrund. Plädoyer für eine rationale Theologie, in: M. Dürnberger u. a. (Hrsg.), Stiele der Theologie. Einheit und Vielfalt katholischer Systematik in der Gegenwart, Regensburg 2017, 249.

[4] *G. L. Müller,* Katholische Dogmatik. Für Studium und Praxis der Theologie, Freiburg 1995, 46.

[5] Ebd., 47.

[6] *G. M. Hoff,* Offenbarungen Gottes? Eine theologische Problemgeschichte, Regensburg 2007, 180f.

[7] *M. Striet,* Sexueller Missbrauch im Raum der Katholischen Kirche. Versuch einer Ursachenforschung, in: ders./R. Werden (Hrsg.), Unheilige

Theologie! Analysen angesichts sexueller Gewalt gegen Minderjährige durch Priester (Katholizismus im Umbruch 9), Freiburg 2019, 18.

[8] Ebd., 23.

[9] Vgl. *P. Neuner*, Der lange Schatten des I. Vatikanums. Wie das Konzil die Kirche noch heute blockiert, Freiburg 2019.

[10] *G. M. Hoff*, Offenbarungen Gottes?, 179.

[11] *G. Perrone*, Der Protestantismus und die Glaubensregel (Teil 1–3), Regensburg 1855/56, 19.

[12] *J. Kleutgen*, Die Theologie der Vorzeit (Bd. 3), Münster 1860, 883f.

[13] *G. M. Hoff*, Offenbarungen Gottes?, 105.

[14] Denzinger-Hünermann Nr. 4531.

[15] *A. Lang*, Fundamentaltheologie (Bd. 1), München 1957, 41f.

[16] Ebd., 43.

[17] *G. M. Hoff*, Offenbarungen Gottes?, 103f.

[18] *S. Wendel*, Offenbarung, 255.

[19] Ebd., 259.

4.6 Missbrauch von Macht in der Territorialseelsorge – Reflexion der Umfrageergebnisse aus kanonistischer Perspektive

Rosel Oehmen-Vieregge

[1] *M. Flesch*, Die Betroffenen. Seelische Leidensräume in der katholischen Kirche, Würzburg 2022, 208.

[2] Sekretariat der Deutschen Bischofskonferenz (Hrsg.), In der Seelsorge schlägt das Herz der Kirche. Wort der deutschen Bischöfe zur Seelsorge (= Die deutschen Bischöfe Nr. 110), 33: „Wo Seelsorge im Team gelingt, wächst eine neue Kultur der Leitung und des Miteinanders von Priestern und Laien, Frauen und Männern, Hauptberuflichen und Ehrenamtlichen in der Kirche."

[3] Bischöfliche Erläuterungen zum kirchlichen Dienst vom 22. September 1993 in der Fassung des Beschlusses der Vollversammlung des Verbandes der Diözesen Deutschlands vom 22. November 2022, IV. 2.: „Neben der Anerkennung der gleichen Würde aller Menschen hat sich der kirchliche Dienst auch und insbesondere durch eine Kultur der gegenseitigen Achtung, des Respekts und der Wertschätzung auszuzeichnen." Veröffentlicht unter https://www.dbk.de/fileadmin/redakti on/diverse_downloads/VDD-Arbeitsrecht/2022-11-22_Bischoefliche-Erlaeuterungen-zum-kirchlichen-Dienst.pdf (Zugriff: 13.02.2023).

[4] Zum Folgenden siehe *D. Reisinger*, Religiöse Eigenlogik und ihre Konsequenzen. Eine Analyse der katholischen Mehrdeutigkeit des Missbrauchsbegriffs, in: D. Reisinger (Hrsg.), Gefährliche Theologien – Wenn theologische Ansätze Machtmissbrauch legitimieren, Regensburg 2021, 58–76; 63–66.

[5] Das gültige Spenden des Bußsakramentes setzt eine Beichtbefugnis voraus (vgl. can. 966 § 1 CIC). Diese Befugnis darf nur Priestern verliehen werden, deren Eignung durch eine Prüfung festgestellt wurde (vgl. can. 970 CIC). Die auf Dauer verliehene Befugnis kann nur aus schwerwiegendem Grund widerrufen werden (vgl. can. 974 § 1 CIC). Ein schwerwiegender Grund liegt vor, wenn eine Straftat gegen das Bußsakrament begangen wird (vgl. can. 1385 CIC: Verführung zur Sünde gegen das sechste Gebot des Dekalogs bei der Spendung des Bußsakramentes; vgl. can. 1386 § 1 CIC: Verletzung des Beichtgeheimnisses).

[6] Vgl. *D. Reisinger*, Religiöse Eigenlogik, 66.

[7] *H. Haslinger*, Macht in der Kirche. Wo wir sie finden – Wer sie ausübt – Wie wir sie überwinden, Freiburg 2022.

[8] Ebd., 345.

[9] Ebd.

[10] Zur nachkonziliaren sacra-potestas-Lehre siehe *R. Oehmen-Vieregge*, Sacra potestas – Ein Schlüsselbegriff des Zweiten Vatikanischen Konzils?, in: Theologische Quartalschrift 197 (2017), 337–358.

[11] Siehe zu can. 1389 CIC den Kommentar von *M. Graulich/H. Hallermann*, Das neue kirchliche Strafrecht. Einführung und Kommentar, Münster 2021, 203: „Der Canon ist (…) eine Art Generalklausel, in der es um den Schutz der Würde der Sakramente geht."

[12] Kodex des kanonischen Rechtes. Lateinisch-deutsche Ausgabe mit Sachverzeichnis, Kevelaer [10]2021 (abgekürzt nach der lateinischen Bezeichnung Codex Iuris Canonici = CIC).

[13] *H. Hallermann*, Kann ein Pfarrer tun und lassen, was er will?, in: Kirche & Recht (= KuR) Bd. 27/2021/Heft 2, 207–233.

[14] Vgl. *M. Flesch*, Die Betroffenen, 215.

[15] *P. Morsbach*, Der Elefant im Zimmer. Über Machtmissbrauch und Widerstand, München 2020, 322.

[16] Siehe dazu *F. Rostalski*, Blinde Justitia? Die Entdeckung des Missbrauchs in der Rechtspraxis, in: B. Aschmann (Hrsg.), Katholische Dunkelräume. Die Kirche und der sexuelle Missbrauch, Paderborn 2022, 65–76; 66: „Strafe dient nicht der Prävention neuer Taten. Sie dient aber der Wiederherstellung des durch die Tat gestörten Rechtsfriedens und dabei auch dem Opfer, das mit seiner Leiderfahrung nicht allein gelassen wird."

[17] Auf der Frühjahrsvollversammlung der Deutschen Bischofskonferenz vom 27.02.–02.03.2023 wurde eine neue Arbeitshilfe mit dem Titel „Missbrauch durch geistliche Autorität" beraten und beschlossen. Siehe Pressebericht des Vorsitzenden der Deutschen Bischofskonferenz, Bischof Dr. Georg Bätzing, 11–12; veröffentlicht unter https://www.dbk.de/fileadmin/redaktion/diverse_downloads/presse_2023/2023-041-FVV-Dresden-Pressebericht.pdf (Zugriff: 03.03.2023).

[18] So auch der Schwerpunkt im Beitrag von *H. Hallermann*, Kann ein Pfarrer tun und lassen, was er will?, 220–227; siehe auch *R. Althaus*, Geistlicher Missbrauch. Kirchenrechtliche Aspekte, in: Geist und Leben 91 (2018), 159–169.

[19] Siehe dazu can. 220 CIC: „Niemand darf den guten Ruf, den jemand hat, rechtswidrig schädigen und das Recht einer jeden Person auf den Schutz der eigenen Intimsphäre verletzen."

[20] Vgl. *M. Graulich/H. Hallermann*, Das neue kirchliche Strafrecht, 205.

[21] Vgl. dazu can. 984 § 2 CIC: „Wer eine leitende Stellung einnimmt, darf die Kenntnis von Sünden, die er zu irgendeiner Zeit aus der Entgegennahme einer Beichte erlangte, auf keine Weise bei der äußeren Leitung gebrauchen."

[22] Siehe Grundordnung des kirchlichen Dienstes in der Fassung des Beschlusses der Vollversammlung des Verbandes der Diözesen Deutschlands vom 22. November 2022, Artikel 2 (3). Veröffentlicht unter https://www.dbk.de/fileadmin/redaktion/diverse_downloads/VDD-Arbeitsrecht/Grundordnung-des-kirchlichen-Dienstes-22.-November-2022.pdf (Zugriff: 13.02.2023).

[23] Vgl. dazu ein Zitat von Bischof Hanke „Aber ist es nicht so, dass mich eine kirchliche Beauftragung oder Sendung entprivatisiert und mich ganz in den Dienst nimmt?" Veröffentlicht in einem Beitrag vom 28.11.2022 „Bischof Hanke beklagt Vehemenz der Reformer": unter www.domradio.de (Zugriff: 13.02.2023).

[24] Bischöfliche Erläuterungen zum kirchlichen Dienst, VIII. 1.

[25] Vgl. can. 1103 CIC: „Ungültig ist eine Ehe, die geschlossen wurde aufgrund von Zwang oder infolge von außen, wenn auch ohne Absicht, eingeflößter schwerer Furcht, die jemanden, um sich davon zu befreien, die Wahl der Ehe aufzwingt."

[26] Vgl. die Canones 1708–1712 CIC.

[27] Grundordnung des kirchlichen Dienstes, Artikel 7 (2).

[28] Vgl. Bischöfliche Erläuterungen zum kirchlichen Dienst, VIII. 1.

[29] Vgl. Grundordnung des kirchlichen Dienstes, Artikel 4 (c).

[30] Zur Begrifflichkeit „Laie" und zur Komplementäridentität „Laien" siehe *H. Haslinger,* Macht in der Kirche, 323–328.

[31] Ebd., 324.

[32] Siehe dazu den Beitrag von *A. Henkelmann*, „Fachbildung" statt „Berufung von Gott"? – Lorenz Jaeger, die Gründung der Katholischen Fachhochschule Nordrhein-Westfalen" und die Krise des Begriffs der Seelsorgehelferin während der 1960er Jahre, in: N. Priesching/G. Pahlke (Hrsg.), Lorenz Jaeger als Seelsorger, Paderborn 2022, 205–233.

[33] Zum aktuellen innerkirchlichen Diskurs über Geschlechtergerechtigkeit in Verbindung mit Erfahrungen und Strategien siehe *A. Qual-*

brink, Kairos für eine geschlechtergerechte Kirche, in: U. Leimgruber (Hrsg.), Catholic Women. Menschen aus aller Welt für eine gerechtere Kirche, Würzburg 2021, 261–281.

[34] *U. Leimgruber*, Frauen als Missbrauchsbetroffene in der katholischen Kirche? Wie Missbrauch tabuisiert und legitimiert wird, in: D. Reisinger (Hrsg.), Gefährliche Theologien, 119–136; 130.

[35] Hans Zollner nennt jene, die „vertuschen, verleugnen, verharmlosen (...) ‚Sekundärtäter' (...), deren rechtspositivistisches, abwertendes und hartherziges Verhalten Betroffene und Sekundärbetroffene nach deren Zeugnis manchmal mehr verletzt als die eigentliche Missbrauchstat." Siehe *H. Zollner SJ*, Wandel durch Bruch? Mentalitätengeschichtliche Betrachtungen zum Missbrauch in der katholischen Kirche, in: B. Aschmann (Hrsg.), Katholische Dunkelräumen, 43–62; 58.

[36] Siehe Vortrag von Prof. Dr. Gercke und Dr. Stirner anlässlich der Pressekonferenz zur Veröffentlichung des Kölner Gutachtens vom 18. März 2021, 12 u. 24, veröffentlicht unter https://mam.erzbistum-koeln.de/m/63c68e67d53608ee/original/Vortrag-Gercke-Pressekonfe renz-Unabhangige-Untersuchung-Sprechfassung.pdf (Zugriff: 13.02.2023).

[37] Zu „Missbrauch durch fehlenden Gestaltungswillen" siehe *Th. Hanstein/H. Schönheit/P. Schönheit* (Hrsg.), Heillose Macht. Von der Kultur der Angst im kirchlichen Dienst, Freiburg 2022, 204–207.

[38] *H. Zollner SJ*, Wandel durch Bruch? Mentalitätengeschichtliche Betrachtungen zum Missbrauch in der katholischen Kirche, in: B. Aschmann (Hrsg.), Katholische Dunkelräume, 59.

[39] Die Formulierung „Sünde gegen das sechste Gebot" (can. 1385 CIC; can. 1395 § 3 CIC) trifft in vielen Missbrauchsfällen, die mit sexualisierter Gewalt insbesondere gegen erwachsene Personen einhergehen, nicht zu. Hier fehlt eine mit dem zivilen Strafrecht vergleichbare, strafrechtlich präzise und allgemeinverständliche Sprachregelung. Zur Problematik siehe *H Hallermann*, Kontinuität und Reform. Ein erster Einblick in den textus recognitus des Liber VI, in: M. Graulich/H. Hallermann, Das neue kirchliche Strafrecht, 19–30; 27–30.

Anschreiben und Fragebogen

Die Anschreiben vom Mai 2022 zur Umfrage an Vorstände und Delegierte der Diözesanverbände sowie an die Umfrageteilnehmer*innen wie auch den Fragebogen finden Sie auf der Homepage des Bundesverbands der Gemeindereferent*innen (www.gemeindereferentinnen.de).

Kontakt – Vernetzung – Beratung

Falls Sie Interesse an einer Kontaktaufnahme haben, dürfen Sie sich gerne melden über:
machtmissbrauch@gemeindereferentinnen.de

Sie können uns auch direkt anschreiben unter:
Regina.Nagel@gemeindereferentinnen.de
oder
Hubertus. Luerbke@gemeindereferentinnen.de

Gründe für eine Kontaktaufnahme können z. B. sein:
- Gesprächsbedarf aufgrund eigener Erfahrungen mit Machtmissbrauch,
- Beratungsbedarf zu erlebten oder beobachteten Facetten des Machtmissbrauchs (sexuell, spirituell, arbeitsrechtlich …),
- Interesse, uns zu einer Lesung oder Veranstaltung zum Buch bzw. zum Thema des Buchs einzuladen,
- Interesse an der Arbeit des GR-Bundesverbands,
- Interesse an einer Vernetzung zum Thema des Buchs.

Wir sind zum Gespräch bereit und auch dazu, Ihnen Hinweise zu ggf. für Sie passenden Unterstützungsangeboten zu geben. Eine ausführliche Übersicht zu Anlaufstellen im Zusammenhang mit Erfahrungen von Machtmissbrauch finden Sie auf unserer o. g. Homepage.

Autor*innen

Valentin Dessoy
Dr. phil., Dipl.-Psych., Dipl.-Theol. Valentin Dessoy ist Supervisor, Coach, Trainer und Organisationsberater; Geschäftsführer kairos. Coaching, Consulting, Training mit Sitz in Mainz; Partner in der Kooperation Hahmann & Dessoy; Autor; Gründer und Mitherausgeber der online-Zeitschrift futur2, Initiator und Mitveranstalter der Kongressreihe „Strategie und Entwicklung in Kirche und Gesellschaft".

Martin Flesch
Dr. med. Martin Flesch ist Facharzt für Psychiatrie und Psychotherapie und arbeitet mit dem Schwerpunkt Forensische Psychiatrie überwiegend als Gerichtspsychiater. Von 2002–2012 war Flesch Chefarzt einer forensisch-psychiatrischen Klinik in Bayern, bevor er vor 10 Jahren seine eigene Gutachterpraxis in Unterfranken eröffnete. Seit 25 Jahren widmet sich Flesch darüber hinaus, neben der ehrenamtlichen ärztlichen Akutversorgung von Migranten und Geflüchteten, den Anliegen und seelischen Krisen (sowohl therapeutisch als auch gutachterlich) von Ordensangehörigen, Priestern und Mitgliedern Geistlicher Bewegungen sämtlicher hierarchischer Ebenen. Neben dem ärztlichen Dienst ist Flesch als Chorleiter, Organist, Dirigent und Komponist im kirchenmusikalischen Bereich überregional und interdiözesan aktiv.

Rosel Oehmen-Vieregge
Dr. theol. Lic. iur. can. Rosel Oehmen-Vieregge ist Theologin und Kanonistin: Seit 2018 arbeitet sie als Ordensrefe-

rentin im Erzbistum Paderborn mit den Schwerpunkten ordensrechtliche Beratung, Kapitelbegleitung und Moderation von Transformationsprozessen in Ordensgemeinschaften. Seit 2020 ist sie Beraterin der DBK-Anlaufstelle für Frauen, die im kirchlichen Raum Gewalt erfahren haben, und seit 2021 Mitglied der DBK-Arbeitsgruppe „Geistlicher Missbrauch".

Margherita Onorato-Simonis

Margherita Onorato-Simonis studierte Soziologie, Psychologie und Politische Wissenschaft. Sie leitet die Hauptabteilung Personal im Bistum Aachen. 2019 übernahm sie als erste Frau die Verantwortung für die Hauptabteilung Pastorales Personal im Bistum Aachen und überhaupt in einem deutschen Bistum. Zwei Jahre später führte sie mit ihrem Kollegen Karl Kampermann die bis dahin noch getrennten Personalabteilungen für den Pastoralen Dienst und den allgemeinen Bistumsdienst zu einer Hauptabteilung Personal zusammen. Seither findet im Bistum Aachen die Personalarbeit für alle Berufsgruppen aus einem Guss statt.

Regina Seneca

Regina Seneca ist Ordinariatsrätin und leitet seit 2022 im Tandem die Hauptabteilung Pastorales Personal der Diözese Rottenburg-Stuttgart. Sie ist Personalentwicklerin (MA), Religionspädagogin und Gemeindereferentin (1997), dazu nebenamtliche Kirchenmusikerin (1990), ausgebildete Coach (2006), ehrenamtliche Notfallseelsorgerin (2017). Sie hat zweimal im Ausland gelebt (USA und Belgien), war einige Jahre ausschließlich im Religionsunterricht tätig. Nach 11 Jahren in der Seelsorgeeinheit Wendlingen-Köngen wechselte sie 2018 ins Bischöfliche Ordinariat nach Rottenburg und war dort dreieinhalb Jahre vor allem für die Berufsgruppe der Gemeindereferent:innen zuständig.

Oliver Wintzek

Prof. Dr. Oliver Wintzek studierte in Freiburg, Jerusalem und Rom Katholische Theologie, Bibelwissenschaft und Philosophie. 2016 erfolgte die Habilitation in Fundamentaltheologie bei Prof. Dr. Magnus Striet / Freiburg. Seit 2021 ist Wintzek Professor für Dogmatik und Fundamentaltheologie an der Katholischen Hochschule in Mainz. Er ist zudem als Seelsorger an der Jesuitenkirche in Mannheim tätig.

Herausgeber

Hubertus Lürbke

Hubertus Lürbke, ist Gemeindereferent und seit 11 Jahren im Vorstand des Gemeindereferent*innen-Bundesverbands, seit 9 Jahren als Vorsitzender. Er ist seit 27 Jahren als Gemeindereferent im Erzbistum Hamburg tätig; dort war er zunächst einige Jahre Vorsitzender des diözesanen Berufsverbandes; 2008 wurde er erstmals in die Mitarbeitervertretung (MAV) für pastorale Dienste im Erzbistum Hamburg gewählt. Seit über 20 Jahren ist er als Notfallseelsorger in der Psychosozialen Notfallversorgung (PSNV) im Kreis Ostholstein aktiv.

Regina Nagel

Regina Nagel, Gemeindereferentin und Wirtschaftspsychologin B. A., ist Vorsitzende des Gemeindereferent*innen-Bundesverbands. Seit fast 20 Jahren ist sie im Vorstand und seit ca. 10 Jahren verantwortliche Redakteurin der Verbandszeitschrift „das magazin". Als Gemeindereferentin in der Diözese Rottenburg-Stuttgart war sie seit 1998 in verschiedenen Ämtern im Bereich Mitarbeitervertretung (MAV) und Kirchliche Arbeitsvertragsordnung (KODA) engagiert, u. a. anderem als Vorsitzende der MAV für Gemeinde- und Pastoralreferent*innen. Sie hat Zusatzqualifikationen in u. a. Mediation und Organisationsentwicklung und ist Autorin mehrerer Kinderbücher.